工商企管系列004

攝影工作者

快門生涯轉轉彎

前言

回家吃自己，不再是一句玩笑話，而是經過深度思考、理性選擇的生活態度，近年來「繭居族」（SOHO）的甘苦生活一篇一篇經由媒體的報導，廣泛的被大眾知曉，許多人開始思考，原來生活可以回復到最原始、最簡單的地步，於是在社會的各個角落裡有愈來愈多的人加入這個行列。

所謂SOHO代表Small Office,Home Office，凡是在家工作或八人以內的小公司都可以用SOHO來稱呼，這種生活方式已經變成世界的趨勢，時代的新潮流。SOHO族種類眾多，本書所介紹的是一群拿相機的人的生活型態及攝影SOHO的點點滴滴，文中整理了一些表格提供有興趣走這一行的人做個自我檢測，並且藉由過來人的經驗歸納出成為攝影SOHO的成功法則，或許可算是一本攝影SOHO的入門工具書，如果你有興趣，也期待你的加入。

推薦序

攝影自由工作者的教戰手冊

守成不易，創業更是維艱，如何成為一個成功的攝影自由創作者，這本書提供了一個很好的入門分析與提醒，是有心成就此業者的完備教戰手冊。

整本書分為十一章，條理清楚地為讀者簡介了工作類型、推薦成功者的心路歷程、自我評估的準則；繼而解釋說明了創業者可能面臨的各式問題，舉凡專業能力的養成、創業基金的準備、市場行情的評估、人脈的建立、創業心理的調適、工作區域的選擇與規劃、公關魅力的運用、法律與理財的概念、希望版圖的打造與規劃、理想和現實的各面向落差，作者皆詳盡細心地娓娓寫來，除了具備工具書的功能外，作者的貼心，字裡行間處處可見。對於有心成為攝影自由創作者，這是一本極好的輔助書籍。

很高興為這本書寫這些話。

莎士比亞的妹妹們劇團編導

魏瑛娟

推薦序

對於習慣以影像思考的我而言，「文字敘述」似乎是很遙遠的事了，但是當我讀過了這本書後，卻忍不住的想要以稍嫌生澀的文字將它推薦給讀者。

回想起自己走過的路，從小學六年級拍了第一張黑白照片，一直到大學時代的醉心攝影，對於「攝影」一直僅止於「未知、學習、熱愛」，但對其未來性，則無所得知！學習攝影的人感到疑惑的不外是如何用所學攝影技巧賺錢，或如何替自己在攝影的範疇裡定位？而想開業的朋友要如何開始？從找地點、創業準備金、開發客户等等無一不是問題。

開業兩年了，想起當初所遇到的種種挫折，現在仍是點滴在心頭。曾經為了找一個適當的地點（房租、空間及交通）跑遍了台北市，也曾一個人在空盪的攝影棚枯坐，愁著case該從那裡來，不自覺的也會懶散起來，甚至有案子進來也不太想接，面對客户的挑剔也時常萌生退意！雖然挫折總會過去，但是由於全靠自己研判摸索，畢竟還是走了不少冤枉路。

其實有很多事不見得要親身經歷才能學會。有前人的腳步，提供依循探討，

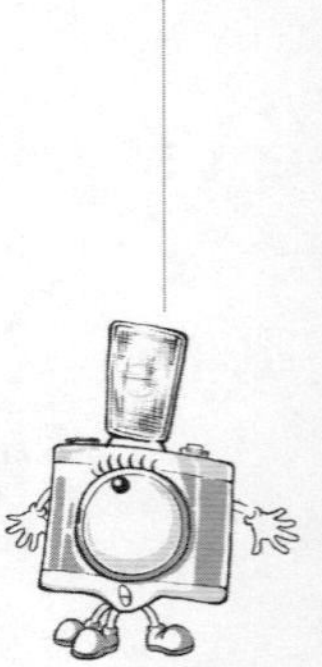

省去獨自摸索的時間，何樂而不為呢？有一句廣告詞說：「我是從當了爸爸之後，才開始學當爸爸的」其實用在形容我的歷程，也是非常貼切：「我是當了老闆之後，才開始學習當老闆的。」

為了能讓攝影SOHO新鮮人，儘快進入狀況，並且準確的切入市場，作者很認真的篩選並訪談了數位在業界打滾了多年的SOHO成員，除了對每個人的經驗作深度的剖析外，為了避免同質性過高，增加讀者比較的空間，並將攝影SOHO分為婚紗、廣告、服裝、唱片、空間、雜誌、立體等七大類，而尤其甚者書中更作了器材分析、財務分析、性向分析等等，SOHO新鮮人可先對自己做個檢測，瞭解是否具備足夠的條件或適合從事那一類的攝影工作。

雖然我是受訪者之一，在這方面亦有相當的經驗，但拜讀本書後，卻仍有相見恨晚之嘆！書中其他受訪同業的經營歷程，也給了我許多的啓發，衷心的希望這樣的好處，也能與廣大的讀者分享！

李達廣告事業有限公司負責人

李達民

自序

照片會說話，一張好的圖片勝過千言萬語，這是新聞訓練裡重要的一環，現在這種趨勢正廣泛的蔓延在各個媒體間，影像化的時代已經來臨。

對於一直從事文字工作的我，由於工作職務的關係，曾經搭配過不少的攝影師，除了報社裡以新聞事件為主的圖片外，雜誌社多半要求主題性強烈的圖片，而出版社的圖片則講究精美與一貫性，猶如「孟不離焦、焦不離孟」，文字與圖片永遠是資訊的主軸。

對於這群拿相機的親蜜夥伴，平時在工作上碰頭的時候，彼此幾乎只是簡短的交談，而後各自獨立作業，直到雜誌出刊或書籍出書，才把雙方的名字又拉在一起，坦白說，對於他們我一直存著高度的好奇與興趣，希望有一天他們能成為我筆下的人物，能夠藉由訪談認識生活中的他們，這個心願在出這本書時終於能夠達成。

由於每位攝影師工作時間的不確定性，這次的訪問工作一共持續了兩個月，在一對一的接觸中，從他們閃亮的眼眸與自信的談吐，我探知了成功者的人格特

質，在工作上他們全力以赴，在生活上他們怡然自得，遭遇挫折時用面對代替逃避，在一次又一次的逆境中破繭而出。

看準目標、按下快門，一個看似簡單的動作，在精美成品的背後，是無數的漫漫長夜與汗水淋漓，藉由寫書的過程中，我感染到他們對生活的熱情與懷抱夢想的執著，如果你也有夢，歡迎你的加入，但別忘了記取前人的教訓，開創屬於自己的攝影國度。

林碧雲

目錄

目錄

第一章

攝影天地的七大門派

用鏡頭說故事，用照片紀錄歷史，一直是許多人想做的事，只要你懷抱著熱情，具備相關的專業知識與本領，有一顆旺盛的企圖心，就可以加入攝影SOHO的行列。

生活，其實是可以選擇的！現在是個講求「個體户」的創業時代，許多優秀的人才選擇從企業出走，開創自己的事業，或者選擇在企業內「自由進出」，以論件計酬的方式尋找工作機會。不再是被動地找工作，而是積極明確的知道自己想要的是什麼。

不用再換頭家，不用再容忍同事的惡言中傷，不用費心處理同事間的人際關係，「你」就是老闆，一個把興趣當飯吃的人，一個用熱情與專業打造夢想藍圖的人。

用鏡頭說故事，用照片紀錄歷史，一直是許多人想做的事，只要你懷抱著熱情，具備相關的專業知識與本領，有一顆旺盛的企圖心，就可以加入攝影SOHO的行列。

只要是擁有專門技術的人，不論是設計師、畫家、攝影師，都想要有一個自己的空間，許多理想與抱負都等待實踐，工作室不僅是工作的場所，還包括自己的作品、裝潢、擺設，讓人一眼得知你是怎麼樣的人。

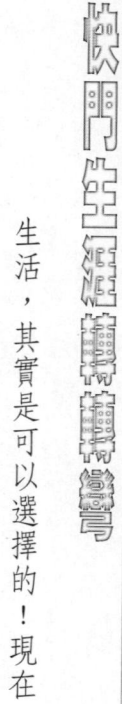

兼顧家庭

「拍自己想拍的東西」是吸引許多攝影工作者紛紛自立門户的最大原因，此外，「時間自由，可以兼顧家庭生活更是一大誘因。」立體攝影SOHO周明恩回想起以前在電視台工作時到外地去錄製節目，留在台北的老婆正準備生下他們的第一個寶寶，周明恩只能在趕搭飛機北上後，匆匆在醫院丟下鮮奶和一堆食物就得迅速離開，因為整個劇組大隊人馬都在南部等他。而現在工作室就在居家附近，無論在公司怎麼忙，家裡一定顧得到，甚至可以回家吃完晚飯後再回工作室繼續用功。

財務自主

能吃苦耐勞、身強體健；工作時可能要爬上爬下搬東搬西；對攝影有高度熱忱，這也是成為攝影SOHO族必備的要件。財務自主，拍多少賺多少，也是許多攝影師爭相自立門戶的誘因，雜誌攝影賴光煜回憶以往在當攝影助理時，攝影師父一天所接案子的收入就是他一整個月的薪資所得，而今論件計酬的工作方式，讓他更懂得提高效率並且保證拍照品質。

由於攝影SOHO的種類不同，報價方式相去甚遠，依不同攝影師的經歷和品質，所得酬金也不同，一般來說，雜誌攝影SOHO多以單元計價，一個單元 2000~5000 元不等；廣告攝影SOHO 120底片約400~1200元；而服裝或唱片攝影SOHO則是以工作天計算，一個工作天的行情大約二萬五千元至五萬元之間。

當攝影個體户可以做的事包羅萬象，依市場不同需求，只要你有本事，除了可以成立工作室拍寫真集或婚紗照，還可以接唱片公司的歌手宣傳照、服飾公司的型錄照片；另外雜誌社、出版社、室內設計公司也對攝影個體户多所需求，若是立體攝影可以拍攝結婚錄影、公司剪報或DVD光碟，當個人知名度到達一定水準，還可以辦個人攝影展尋覓知音，或把作品結集成冊，賺取版稅。

攝影的天空寬闊無限，由於範圍太廣，本書依拍攝對象及專業分工約略分為七大類型：

第一節　婚紗攝影

一個好的婚紗攝影SOHO除了在專業技術上擁有全方位的本領，在溝通技巧上也要加強，才能和準新人搭配得當，你可以操著一口流利的台灣國語和新人説説笑笑，也可以自創一格和客户打成一片，不管怎樣，説唱逗笑的本事要會一點。

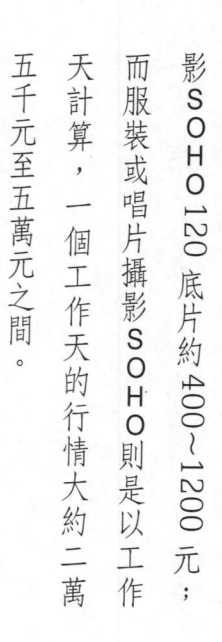

你所拍出來的照片不是唯美派就是浪漫派，但是你工作的場合卻未必讓人感到舒服，因為一年四季都有好日子適合結婚，但是天公卻未必日日放晴，於是你可能會在驕陽烈日下，在滾燙的沙灘中搶拍新人的儷影；或是在春寒料峭的陽明山上，頂著寒風工作。

隨著時代潮流轉變，近年來婚紗業已經走向企業化經營，除了攝影師之外，更需要化妝造型師及門市小姐做完整的搭配，一個好的婚紗攝影需將每個細節連結整合，環環相扣，牽扯層面非常的廣泛。

婚紗攝影的門市裝潢、地點選擇、房租押的本錢最昂貴，並且需要大量的人力，除非拍出名氣，否則一般消費者大多數會選擇多元化經營的國際婚紗公司，因此決定投入這行之前一定要慎重評估。

婚紗攝影這一行所需的資金及成本最高，所提供的服務項目也最多，以包套服務來說，內容包括30組的結婚照片，照片的尺寸分12吋、16吋及18吋三種選擇。拍照當天為新人化妝、做造型，並分棚內、棚外兩種拍攝手法。新人訂婚當天提供一至兩件禮服，新人結婚當天提供一套白色婚紗及兩套晚禮服，此外結婚當天所需如結婚證書、簽名綢、禮金薄、謝卡、車彩、車把花、胸花、新娘捧花、拉炮、母舅帖、丈人帖等林林總總配件皆包含在內。

再者婚紗的禮服和造型每個時期所流行的皆不相同，往往一部電影便可能改寫當季婚紗禮服走向，如一九九八年「鐵達尼號」推出之後，許多準新娘都要求擁有女主角蘿絲身上同款的衣服，對於有心從事這行的攝影師，除了平時多加涉獵相關知識，也要加強和禮服設計師的溝通，針對各種體態的新娘，推薦不同的衣服。禮服可走亮彩和專門兩種品牌，尤其現代人有很強的自我意識，單一的禮服特別容易獲得新人的青睞。

彩妝的部分也要注意，每年流行的彩妝趨勢不一，身為負責人的你除了跟上時代的腳步，也必須和你的化妝師多溝通，才能捕捉當季最新的時尚。總而言之，婚紗攝影打的是團體戰，除了專業技術的要求，還包括清楚完善的溝通能力，容人的氣度及超敏銳的流行觸覺。

看了以上的敘述，是不是很想知道自己是否有能力成為一名優秀的婚紗攝影SOHO，以下每提及一種攝影

SOHO型態便有一張體檢表提供讀者做自我分析，表格的設計主題包括了成立工作室的資金、周轉金的預估，人格特質的差異、溝通能力的優劣及吃苦耐勞的程度。

本章的最後一節，有體檢表的評分建議，算算你的分數為何，明日之星也許就是你。

婚紗攝影體檢表

個人條件分析	得分狀況	備註
□可以籌措出百萬元的創業資金？		
□可以籌措出百萬元的周轉金？		
□可以容忍新人忽喜忽悲的脾氣？		
□可以引導兩位陌生人接受你的指令？		
□可以提供許多繁瑣的服務而毫無怨言？		
□可以一再去某幾個地方出外景而不厭倦？		
□可以和化妝師做百分百的溝通？		
□可以和造型師做百分百的溝通？		
□可以在攝影棚中為新人設計出百種姿勢？		
□當自己和心愛伴侶吵架仍能拍出幸福洋溢的感覺？		

（答案為『可以』者得十分，『也許可以』者得五分，『不可以』者得〇分。）

第二節 廣告攝影

廣告攝影所包含的總類算是各項攝影中最多變的，內拍、外拍都有可能，年報製作則可包含在內，也可以獨立出來。一個好的廣告攝影SOHO除了要有專業本領外，還要能耳聽四面眼觀八方，才能立於不敗之地。

廣告攝影的範圍包羅萬象，嘴巴講得出來，眼睛看得到的東西全部都是，小至一顆鑽戒大至一輛汽車都是廣告攝影的範圍，主要看公司的規模，能夠接單到什麼地步。簡單來說，即是由廣告代理商發包出來，內含他們的創意，攝影師就是照著他們的需求去執行，再交出作品。

當廣告攝影SOHO的好處是可以涉獵不同領域，工作起來比較不悶，報紙稿、百貨公司或飯店的型錄等等都在拍攝範疇。拍廣告的攝影棚由於需要自己製作一些道具，在工作的時候會特別凌亂，廣告攝影工作者李達民打趣的說，「看起來像工廠一樣」。

廣告攝影作品必須切合客户的需要，客户想的跟後來拍的要很符合，一個好的商業作品必須完全match客户的想像，預先跟設計公司擁有充分的

溝通，若是設計公司已完整繪出一個雛型，可以節省不少摸索的時間。

一個完整的配合，先由客戶講解，攝影師描述給客戶聽，當作品呈現出來，客戶覺得很滿意，這樣就算是好的。廣告攝影是基於客戶對廣告的需要做的，平面設計稿裡頭需要用的照片，都得去做。如果客戶要求裡面拍攝一個人物你便得拍一個人物，不過你也可能會拍到木頭、玻璃、汽車板金、很科技的東西或很溫馨的燭光晚餐等等。

整體來說，小型的個人工作室在專業度上最好不要區隔得太明顯，如果僅把自己定位在廣告食品攝影，由於業務量有限，相對地市場就會變得很小，也會漸漸失去競爭力。不如把自己當成一塊海綿，不斷地吸收各種不同領域裡所產生的種種可能，在時間與實力的累積下才有可能發光發熱。

廣告攝影體檢表

個人條件分析	得分狀況	備註
□可以籌措出五十萬元的創業資金？		
□可以籌措出十萬元的周轉金？		
□有良善的溝通能力？		
□碰到大場面時不會慌亂？		
□具有獨特的敏銳性，能夠抓住商品特色？		
□具有木工、捆工等技巧，能隨時做出需要的道具來？		
□商品、人物都能拍？		
□和設計人員有一定的熟識度？		
□身強體健，隨時準備上山下海？		
□具有阿信精神，永遠保持高度熱忱？		

（答案為『可以』者得十分，『也許可以』者得五分，『不可以』者得〇分。）

第三節　服裝攝影

服裝攝影SOHO主要的工作是替服裝拍攝型錄，從百貨專櫃的名牌服飾到本地設計師所設計的當季衣物都是拍攝的範圍，分棚內與棚外的拍攝。在決定成為服裝攝影SOHO之前，一定要有媳婦熬成婆的心理準備，因為新人露臉的機會並不多，要懂得「跟」攝影師，先打入這個圈子，和相關的人多加接觸，以增加日後被發掘的機會。

專拍服裝的攝影棚通常做一個「無縫牆」，所謂無縫牆就是不能有角，牆的部分必須成為一個有弧度的牆，用木板來釘，拍人像的攝影棚不太會需要一些奇怪的道具，大部分可以保持比較乾淨，由模特兒自行化妝或準備一個化妝師。

以目前服裝攝影在國內的發展而言，屬於小眾市場，固定由幾位攝影師輪流掌鏡，因此大部分的攝影師行程表都排得很滿，以流程而言，一、二個月前就開始敲時間，將時間確定後，接著開始溝通當季商品所要表達的感覺與印象，再討論整個拍攝過程，是棚內或棚外，如果是棚外，範圍就很廣，荒郊野外或台北街頭都有可能。

由於國人普遍迷信外國品牌的心態使然，國內所設計的品牌，也多半請國外模特兒做代言人，因此服裝攝影師需具備基礎的外語溝通能力，能夠和模特兒溝通你的想法，即便是比手劃腳也行，總之要讓對方知道你的意思。

許熙正認為就拍人像而言，服裝攝影師算是一個專門的領域，整個團隊都很專業，專業的模特兒、專業的造型師、專業的設計師，大家一起去完成一件作品，「這是一個比較高的挑戰」，如何拍出衣服的味道，並且加入自己的想法是一門很大的學問。

服裝攝影有明顯的淡、旺季之分，因為服裝公司每半年會集中在五個月之內完成拍攝事宜，以專攻服裝的攝影師而言，一年之中會有兩個一個月的假期，以服裝市場而言，最淡的是六月和十二月，大部分的工作行程是七、八月開始拍秋裝，九月、十月、十一月拍冬裝，冬裝完會有一段空檔時期接到春裝，此時下一季的企劃案尚未完成，便能休息放鬆一下。

服裝攝影體檢表

個人條件分析	得分狀況	備註
□可以籌措出五十萬元的創業資金？		
□可以籌措出十萬元的周轉金？		
□具基礎的外語能力？		
□對各種布料質感會有何種感覺呈現稍具概念？		
□對彩妝、造型稍具了解？		
□了解當代服飾的脈動？		
□能連熬三天三夜？		
□可以引導模特兒展現肢體語言？		
□身強體健，隨時準備上山下海？		
□具有阿信精神，永遠保持高度熱忱？		

（答案為『可以』者得十分，『也許可以』者得五分，『不可以』者得〇分。）

第四節　唱片攝影

唱片業是一門結合流行、時尚、音樂與包裝的行業，五光十色、光怪陸離與高尚優雅兼而有之，根據雜誌的統計，去年（民國八十七年）在台灣光是流行音樂市場大約有三百零六張的發片量，幾乎每天都有新專輯上市，如何能在競爭十足的市場中用照片取得觀眾的認同，你就是創造視覺效果的魔術師。

當一位歌手要出新專輯時，攝影師要負責拍攝歌手的封面、內頁照片以及唱片行所擺設的立牌、海報等等。唱片攝影師的市場也頗為封閉，常由幾個固定的攝影師輪流拍攝，就流程而言，攝影師要參與企劃會議，了解整張專輯的歌曲曲風，並且確定歌手風格。

如果你一心想走唱片攝影，從雜誌攝影做起是一個很好的入門方式，現在市面上有許多的娛樂雜誌，內容多半針對歌星、影星的動態做報導，如果能爭取到拍攝封面人物的機會，累積一定的案源後再向唱片公司毛遂自薦，或許能在不斷的嘗試中獲得脫穎而出的機會。

唱片攝影體檢表

個人條件分析	得分狀況	備註
□可以籌措出五十萬元的創業資金？		
□可以籌措出十萬元的周轉金？		
□美女當前仍能保持平常心？		
□具良好溝通能力？		
□具流行眼、流行鼻？		
□能引導歌手入鏡？		
□可以和化妝師做百分百溝通？		
□可以和造型師做百分百溝通？		
□身強體健，隨時準備上山下海？		
□具有阿信精神，永遠保持高度熱忱？		

（答案為『可以』者得十分，『也許可以』者得五分，『不可以』者得〇分。）

第五節　空間攝影

空間攝影在國內算是一個相當小眾的市場，許多專拍空間的攝影師都出自室內設計雜誌，他們熟悉設計界的環境，也多半和某幾位設計師有固定的交情，並且能夠彼此信賴，在掌鏡上能夠抓出設計師在規劃、用材、配色等各方面的獨特品味，隨時調整拍照手法，像是個魔法師，隨時玩出不同的花樣，有時捕捉溫馨浪漫的色調，有時掌握後現代冰冷的感覺，或是在構圖上呈現大方簡單的格局。

空間攝影的拍照環境算是挺清爽的，因為通常都是請你去拍成品，除了室內設計的案源外，還包括房地產的廣告、飯店的型錄、遊樂場所的DM等都是可以發揮實力的地方。

良好的溝通能力也是進入這個行業的敲門磚，掌握對方的需求，並融入自己獨特的美學觀，讓你的照片看起來和別人不一樣，就能贏得肯定。

空間攝影體檢表

個人條件分析	得分狀況	備註
□可以籌措出五十萬元的創業資金？		
□可以籌措出十萬元的周轉金？		
□稍具空間美學常識？		
□和室內設計師有固定的交情？		
□能和室內設計師做百分百溝通？		
□曾經在室內設計雜誌待過一段時間？		
□可以抓出建材的特色？		
□能夠抓出家具的材質？		
□身強體健，隨時準備上山下海？		
□具有阿信精神，永遠保持高度熱忱？		

（答案為『可以』者得十分，『也許可以』者得五分，『不可以』者得〇分。）

第六節 雜誌攝影

市面上雜誌的種類林林總總讓人看得眼花撩亂且屬性各異，讓眾多雜誌攝影SOHO得以脫穎而出，如果是新聞性取向的雜誌，多半需要機動性較強的攝影SOHO；以流行人物為主的雜誌，則需要具有人像拍攝概念的攝影SOHO，或是彩妝、美食、時尚等雜誌都有其注重的專業領域。

許多雜誌社並無專屬的攝影師，所有的圖片都是發包出去，採取每單元計費，或以圖議價的方式，是攝影個體戶較容易入門的種類。當然針對不同的雜誌屬性，攝影的手法也要不斷更新，跟著雜誌原先的調性走。

早期的雜誌攝影空間比較大，攝影師的自主權比較多一點，以單元呈現的走向而言，攝影師容易加入自己的意見或想法，但是現在雜誌商業導向較重，雜誌社本身會對攝影師有諸多干涉，難免減少了自主的成分，這一方面攝影師要做心理調適。

專職雜誌攝影四年的賴光煜表示，每家雜誌社有固定的模式與風格，比方說女性雜誌也有等級之分，國際路線的雜誌拍攝手法可以很誇張、很不按牌理出牌，也正因為如此，攝影師與編輯的溝通更加重要，才能維持一貫的作風。

如果是流行雜誌的攝影SOHO族極有可能參加明星記者會，眾所周知記者會現場絕對是塞滿了大小電視、平面媒體，如何能在敵人環伺的現場，取得一絲喘息的空間可是一門大學問。想拔得頭籌、處於不敗的地位，要注意下面幾項訣竅，首先你要提前抵達現場，取得一個絕佳優勢的拍照角度；其次身體的柔軟度要夠，能禁得住別人的推擠碰撞；再來最好個子夠高，以高度將自己立於不敗之地。

進入攝影SOHO之門 備忘錄

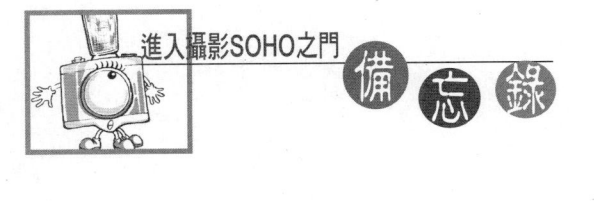

雜誌攝影體檢表

個人條件分析	得分狀況	備註
□可以籌措出五十萬元的創業資金？		
□可以籌措出十萬元的周轉金？		
□沒有自我的時間、能夠隨傳隨到？		
□可以和編輯、美編做適當的溝通？		
□了解所拍雜誌的不同風格？		
□在記者會現場能夠擠得過別人？		
□隨時調適自己的心態？		
□可以一天連趕五個拍片場所？		
□身強體健，隨時準備上山下海？		
□具有阿信精神，永遠保持高度熱忱？		

（答案為『可以』者得十分，『也許可以』者得五分，『不可以』者得〇分。）

第七節 立體攝影（ENG）

以個人工作室型態所從事的立體攝影約可分為電視節目、結婚錄影、工商簡報、傳播、廣告等等。

做這行最好曾在電視台或傳播公司待過一段時間，熟悉作業流程，認識電視台的製作人或執行製作，當你成立公司之後比較能爭取到外包機會。

工商簡報將公司的整個發展過程拍成約十分鐘的錄影帶，其中包括一個公司的成立經過、販售產品的介紹、公司獨有的特色、行銷管道等。工作內容從企劃、擬稿、定稿、拍攝、剪輯，配音等過程。其中配音可以尋求錄音公司的協助，做片頭、上字幕，則需要自己來。

電視節目錄影的困難點在於不能單獨行動，必須結合眾多人力，器材設備及投資成本很高。隨著時代潮流，當有新機器出來，製作單位便會要求你更新機材，這種費用都所費不貲，因此投資多、回收少成了這行的特色。

如果是專門做結婚錄影，可以選擇和婚紗公司合作，或是自己單打獨鬥。若是向婚紗公司承接案子，就比較不容易打出自己的品牌。以立體攝影SOHO周明恩為例，除了原有的基礎外，他當初便是利用婚紗展的時候強力宣傳，吸收了一些客户。基於互信的原則，舊客源就輾轉介紹客户，甚至後來的工商簡介也是由舊有客户轉過來的。

此外，參加展覽做行銷，和客户做面對面溝通，讓客户看到品質，也是推銷自己的不二法門。

進入攝影SOHO之門 備忘錄

立體攝影體檢表

個人條件分析	得分狀況	備註
□可以籌措出五十萬元創業資金？		
□可以籌措出十萬元周轉金？		
□在傳播公司待過一段時間？		
□和電視台製作人及執行製作有一定的交情？		
□可以一整天只吃少量的東西？		
□單獨作業及團隊作業都能適應？		
□可以連熬三天三夜？		
□可以在極端惡劣的環境下工作而毫無怨言？		
□身強體健，隨時準備上山下海？		
□具有阿信精神，永遠保持高度熱忱？		

（答案為『可以』者得十分，『也許可以』者得五分，『不可以』者得〇分。）

分析與建議

如果你的分數低於40分以下，顯示你事前準備的功夫還不夠到家，而且專業能力猶待加強，如果你對這個方向懷著高度的興趣，建議你可以在其他攝影棚磨個一、二年再試試看；如果你的分數高於60分，顯示你的專業火候及資金調度不成問題，如果能夠贏得家人的充分支持，倒是可以好好的衝刺一番，也許明日之星就是你；如果你的分數介於40分～60分之間，顯示你有這方面的潛力，只是尚欠東風而已，找出問題所在，再聽聽別人的意見，下一個成功的案例可能就是你。

第二章

一路走來 快活如一

隱藏在相機背後的那雙眼，究竟在想些什麼？

閃爍的鎂光燈下，需要付出多少心血？

看似瀟灑自在的攝影工作者，

在理想與現實之間，是如何交織著汗水與驕傲……

攝影SOHO族是一門相當吸引人的工作，除了工作成就感之外，生活的歷練與挑戰，更使得許多人想要前仆後繼的加入，本章中所訪談的六位攝影SOHO族都在業界享有不錯的知名度，但他們並不是一開始就這麼成功的，一路走來的辛酸與甜蜜都在時間的流逝中昇華成為源源不絕的動力，支持著他們繼續前行。在本章第七節中，筆者根據這六位攝影師的經歷，歸納整理出開個人攝影工作室的經驗法則，提供給讀者做參考。

賴光煜小檔案：

姓名：賴光煜

SOHO類型：雜誌攝影師

SOHO資歷：曾任「媽媽寶寶」、「薇薇雜誌」、「貴族雜誌」攝影師

現任造像個體戶工作室負責人，任「城市情報」專職攝影、「成功雜誌」、「甦活雜誌」特約攝影

最得意的作品：中興百貨的24小時

自由工作生活觀：天天星期日、天天星期一

第一節 雜誌攝影——賴光煜

從小就有美術的天份，專科時唸的是世新印刷攝影科，已經從事攝影工作七年的賴光煜，卻謙虛地認為自己目前仍屬於摸索階段。

對拍人物情有獨鐘的賴光煜，還在唸書時期，便透過朋友介紹，利用假日到戶外拍了五十名女孩，在畢業前夕辦了個展，交出了第一個階段的成績單。

學生時期嘗試過報社新聞攝影的拍攝。畢業前由於課業比較輕鬆，便自告奮勇至開婚紗公司的老師家裡幫忙，這一年內賴光煜接觸婚紗的領域，當兵前三個月，因緣際會進了一家商業攝影公司學習。

十個月的攝影夢

退伍不久，由於對攝影懷著一股滿腔熱血，而在農安街附近正好有攝影棚要頂讓，約廿萬左右，於是家人商量後，便與二位朋友一同合資，還辦理了公司登記，但由於沒有人脈，收入總是青黃不接，只撐了十個月便再度轉手他人。

之後進入雜誌社，料想可以接觸

許多人、事、物，應該比較容易進入狀況，但卻不得其門而入，先在別的攝影工作室幫忙，過了半年才順利進入薇薇雜誌的分支：「媽媽寶寶」雜誌，也支援薇薇雜誌的拍攝，十個月後轉戰「貴族雜誌」，邊拍照邊學習。

賴光煜談到，剛開始幾年媽媽還是挺反對的，總覺得這不是一個很安定的工作，還是希望他有機會能夠轉行，但是堅持下去的他不僅闖出了自己的一片天空，也終於獲得了媽媽的認可。

進入貴族雜誌，賴光煜所面臨的最大問題是，他所嘗試的拍攝手法都不被認同，他在那邊掙扎了近一年，最後決定「閃人」。雜誌社不要標新立異的作品，只要求畫面看起來美美的，而不要另類或創意的感覺，雖然不斷地說服編輯，卻根本不能拍自己想要的。

和朋友一同在八德路附近租下攝影棚則是多年以後的事了，由於二人合用攝影棚比較經濟實惠，賴光煜一直選擇和同行合租工作室以節省開銷。工作室成立後，案子少時，星期一也是星期日，忙碌時星期假日也得工作。

爬山涉水只為它

「拍照的經濟效益並不高，有時爬山涉水只為了一張照片」，若不是真正喜愛很難支持下去。處女座的他，認為自己的個性的確屬於完美主義者，凡事比較挑剔，但是他認為這個特質運用在工作上是很好的。

也曾經碰過收不到錢，人去樓空的情形，他建議和陌生客户接洽時，多觀察公司營運情形，或到外頭打聽一下風評如何，或許可以避免這種事發生在自己身上。

進入攝影SOHO之門 備忘錄

第二節 廣告攝影——李達民

本身學商業設計的李達民，大學畢業後先到攝影棚擔任助理，工作一陣子後，因為對攝影棚產生不良的印象，就打算放棄這條路。因此在更換跑道時，盡找些廣告企劃的範疇，主要用意是想跟廣告相近卻跟攝影無關，後來因緣際會進入一家專門替上市公司做年報的公司，原本應徵的職務是廣告企劃，但是由於企劃部暫時無事可做，便希望李達民先支援攝影部，於是陰錯陽差又回到攝影這條路。

李達民小檔案

姓名：李達民

SOHO類型：廣告攝影

SOHO資歷：曾任攝影助理、基隆二信中學廣告設計科教師，現為李達廣告事業有限公司負責人

最得意的作品：李察吉爾來台慈善晚會拍攝作品

自由工作生活觀：借助外力保持動力

從北到南拍透透

剛開始時拍過很多立法委員、國大代表及大公司的年報。李達民表示拍這些東西很麻煩，當初每次要出去拍之前光用想的都覺得很累，因為有時案子是拍完公司拍工廠，但是工廠遍佈全省，必須從北到南一路拍下去；有的工廠環境很髒亂、很悶熱，每次遇到的環境與狀況都不一樣，「其實也算挺有趣，可以接觸許多形形色色的事物」，李達民表示攝影工作的挑戰性正在於此，每次遇到的狀況不同，除了開拓視野外，同時更考驗著自己的應變能力。

最感到煩惱的是有的客戶不夠尊重專業，常為了殺價而挑毛病，這種感覺讓人很不好受。喜歡用三明治來做比喻的李達民認為，賣三明治的小販只要東西放在那邊，願吃者購買，不會一邊吃三明治一邊嫌棄，而攝影作品卻比三明治還不被人尊重。

當預知自己某段時間很空閒，是做這行最感快樂的時候，於是想到了彈性上班的可能。但是辦公兼住宅的居家品質，體貼的另一半雖然一路支持到底從無怨言，但難免覺得少了點家庭生活，然而目前由於經濟考量，暫時只能維持原狀，等過一陣子再來改善這種狀況。

由於曾經在高職教過書，目前有許多學生散落在攝影相關領域中，李達民認為這些學生直接間接地都替他引薦過不少案子，開工作室之前所累積的人力資源很重要，不要放棄與他人結緣的機會，在適當的時機，這些緣份都會開花結果。

借助外力保持動力

游泳、練合氣道是李達民用來保持自己體力的方式，閒暇之餘還接受專業的救生員訓練，「借助外力保持動力」是李達民自己發展出來的理論，他認為當自己處於活動狀態，整個人的氣就會比較旺，業務也會漸漸多起來。

老婆的體諒與支持，更讓李達民無後顧之憂地專心工作，目前由於經費稍嫌不足，在攝影棚後方隔了一個住家，新婚不久的夫人除了偶爾覺得沒有居家空間外，完全給與無限地肯定。

第三節 立體攝影——周明恩

做這一行並不一定要科班出身，只要憑著一股熱愛與決心，一樣可以出頭天。半路出家的周明恩，在服兵役時就想走這一行，「看到別人拍的照片好看就覺得蠻好玩的」。民國七十年退伍後開始做電視節目，曾經做過民生報的「兒童天地」，他覺得這是一個很愉快的工作經驗，因為小朋友的童言童語常逗得他合不攏嘴，直到現在他還常常聽到許多後輩跟他說，「我就是看這個節目長大的」，這種成就感令他很滿足。

周明恩小檔案
姓名：周明恩
SOHO類型：ENG立體攝影
SOHO資歷：曾任光啟社、中視、公視攝影，現為典藏錄影製作公司負責人
最得意的作品：多不勝數
自由工作生活觀：我就這樣深深愛上它

拐個彎，夢想更踏實

剛開始踏入這行是從助理開始做起，民國七十年時，電視節目開始蓬勃發展，因此當時進入這行的門檻比較低。七十四年便曾自組傳播公司，一直到78年收起來，結束的原因並不是因為經營不善，而是電視台要求他更換新的攝影設備，由於投資金額過於龐大，才決定收山轉行。

在出走的四年中，周明恩轉行從事醫療器材的業務推廣，還投資做過美髮用品，由於不熟悉環境也不習慣，最後還是決定回來做這一行，「畢竟這是自己最大的興趣與快樂源頭」，周明恩認為做自己想做的事，對人生才能有所交待。

目前的工作室是從民國八十二年起開張至今，主要的業務項目包括結婚錄影及公司簡報兩大項。從事結婚錄影多年，周明恩一直希望能導正消費者一種觀念，在每個人的成長過程，「不要只重視平面的紀錄，也應該重視立體影像的紀錄」，父母親如果從小就開始為小朋友做影像紀錄，等小朋友長大後再拿出來播放是很有意思的事。事實上，在國外立體紀錄的風氣很盛，只是在國內並不普及。

周明恩認為做這一行其實在體力

上是挺吃重的，找到客户之後，扛著約七公斤的機器攝影，從早晨迎娶就得跟著跑，一直拍到晚上將近十點才能結束，中途只能塞一點東西吃，經常餓著肚子在做，工作環境很雜嘈混亂，回到公司還要配音、上字幕等後製工作，等整個工作告一段落，身體已經瀕臨虛脫的狀態。

正面思考的工作觀

有時還會遇到派頭很大的大户人家不太搭理人，請他們做一些動作都不太配合，讓人覺得心酸酸的，畢竟在假日工作已經夠辛苦的了，這時候就要懂得做自我的心理調適，用正面的思考來激勵自己。

對於正處於摸索期的新人，周明恩表示如果有後進想入這行卻又不得其門而入，他很願意帶新人，因為中國人結婚有算日子的習慣，所以結婚錄影的時間通常都固定在某幾天特別熱門，有時候同一天他手上有三、四個案子，還是必須分出去給別人做，卻不易掌控品質，但是如果是自己一手教導出來的新人就可以把經驗做個完整的分享。

第四節 服裝攝影——許熙正

「半路出家」走進攝影圈的許熙正，由於父親及兄長都是從事攝影，個性使然加上環境的的影響，耳濡目染之下，將收入不錯的工作辭去，整個人一頭栽進這行，由於企圖心強烈，認為自己一定能夠拍出好的作品，所以當初根本沒有考慮到如何經營或收入的問題，完全憑著一股熱忱而行動。

許熙正小檔案
姓名：許熙正
SOHO類型：服裝、唱片攝影
SOHO資歷：曾任婚紗公司助理、雜誌社攝影，現為許熙正工作室負責人
最得意的作品：溫慶珠服飾型錄
自由工作生活觀：一步一腳印

前前後後學過婚紗、商品、人像的拍攝，進入雜誌社後，才開始有一些私人的案子，機緣也是不可或缺的一環。許熙正認為要當一個攝影師很簡單，只要有一些基本的技巧，然後有財力可以開工作室就可以了，但是要當一個好的攝影師卻不容易。

攝影作品反應個性

「你是個什麼樣的人就一定會拍出什麼樣的東西。」從作品絕對可以看出攝影師的個性，以及心中所想的東西；反過來說，一個人的個性及心中所想也會影響到所拍的作品。

許熙正表示做這樣型態的工作都要慢慢熬，才有出頭的一天。早期大家都很苦，面臨重大的經濟壓力，由於專業攝影的成本很高，養一個攝影棚、一個固定的助理及一些器材，常花去大部分的開銷，但是能進案多少卻未必知道，有可能當月的收入根本無法與攝影棚開銷收支平衡，當經驗累積久之後就能夠漸漸上軌道。

「很辛苦的是當你養了一個攝影棚後，你的債務會愈來愈高。」許熙正回憶自己早期時，曾經當上某家沖印公司的負債排行榜第一名。「愛上了這行就沒辦法了，一切等拍了再說。」

因此欠債歸欠債，拍照還是照拍，反正船到橋頭自然直。

許熙正認為，大部份的攝影師如果覺得很沮喪的話，懷才不遇的可能性比較大，也許一件案子拍完之後，自己覺得不錯，可是卻無法得到客戶的喜愛，現實與理想經常會有一大段的落差。以拍服裝而言，要把一件衣服拍得很清楚，非常簡單，即使剛入門半年的新手都能拍，但是把衣服的味道拍出來，並加上自己的創意且能得到客戶認同就不容易了。

以服裝和唱片的市場而言，如果說攝影師拍了三、五年下來覺得很疲乏，大部分的因素是他覺得拍的東西愈拍愈無聊，客戶給了很大的限制。要在這個領域中生存，自己的企圖心一定要夠，不然就不要踏進來。

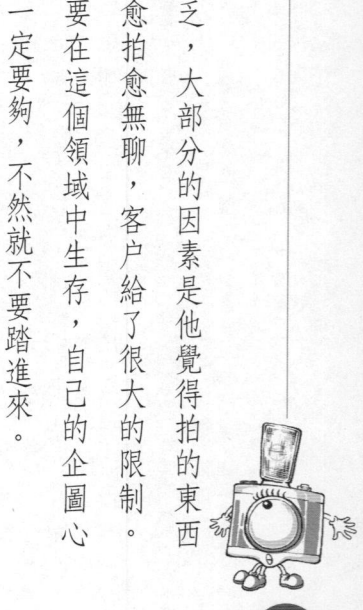

意念為主 技術為輔

如果說把攝影這門學問分成兩個部分來談，一個是純技術面，一個是純意念的東西，技術性的東西可以慢慢去思考去嘗試，但是意念的東西比較直接，「我靠直覺拍照的成份比技術性要高。」許熙正建議，拍了幾年後，要確定什麼才是自己真的很喜歡的東西，並且選擇一條適合自己的路去走。

早期是單身，現在和老婆一起經營攝影棚，既便是很忙也能夠互相支持，許熙正很感謝另一半的體諒，有時候忙到沒時間回去，就睡攝影棚，等睡醒了再繼續工作。在這麼忙碌之中，許熙正依然保持良好的體力，「身體自然會替你調整」，自己就曾有過連續四十八小時完全沒停過，一路拍下去。

因緣際會，許熙正在八德路附近找到令自己滿意的攝影棚，但是他覺得地點的選擇卻不是那麼絕對，他以吃來做比喻，如果餐點好吃，既便是窮鄉僻壤也會有訪客上門，因此「具備好的作品」才是吃這行飯最重要的一環。

第五節 婚紗攝影——林瑞合

一九七五年，林瑞合開始玩小相機，一九七七年，在高中唸書時就參加攝影社，一九八四年，世新畢業，

林瑞合小檔案

姓名：林瑞合

SOHO類型：婚紗攝影

SOHO資歷：曾任光啟社多媒體製作、商業攝影助理，現為林瑞合婚紗攝影公司負責人

最得意的作品：多不勝數

自由工作生活觀：選你所愛、愛你所選

當兵時當了兩年戰地記者的職務，從事報導攝影的工作。

拍出個人特色

退伍後的林瑞合從商業攝影開始入門，花了兩年的時間從事多媒體的

拍攝，一方面開始替朋友拍婚紗照。受到好朋友的鼓勵與肯定，才轉入婚紗的領域，目前為止九年的婚紗，林瑞合認為自己最大的成就感來自客户的滿意。因為模特兒本身五官就長得很漂亮，拍起來自然美美的，但是如果能把一般的客人拍得她覺得自己很漂亮，很有特色，才是成功的婚紗攝影。

一路走來，每個歷程都投注了許多的時間和金錢。一九九一年在美國文化中心開了攝影個展，這個展覽的成功對林瑞合影響很大，作品中呈現出每個歷程中學來的一點一滴，不完全是商業的東西，而是以意念取勝，能夠通過評審認可再展出，算是一個很大的人生轉捩點。

一九九〇年成立工作室，今年恰好邁向第九個年頭，就在今年下旬林瑞合決定將重心轉往美國發展，尋求一個更寬廣的天空。這九年來，業務推展和經濟概念是較弱的一環，市場競爭力顯得不足，林瑞合說由於本身工作很忙，企劃的部分更無暇顧及，如果工作室本身有專人協助預算規劃和業務推展，便可以輕鬆許多。

雖然整個攝影的細節很繁瑣，但是以攝影的歷程而言，林瑞合覺得沒有白走這一趟，他把以往擔任戰地記者時所體會的寬廣角度，加上商業攝影所學到的光線運用加上專業攝影技巧，運用在婚紗的領域上，所拍出來的東西絕對能跳脫傳統婚紗的窠臼，因此市面上的接受度和肯定度都很高。

認清理想與現實的差距

在近九年的婚紗生涯，林瑞合也曾碰到自我理想的實踐與現實環境的落差，特別是初出茅廬時，總覺得自己的觀點角度最專業，但漸漸在環境的磨練下，「傾聽客戶的內在聲音」，每個客戶的提醒都成了他日後創新的泉源，「理想歸理想，但是作品有人買最重要」林瑞合如此表示。林瑞合的攝影作品分為兩個主軸，一是發展比較好賣的商品；另一種則是以良好企業形象做準則，如此一來就可以兩者兼顧。

林瑞合認為自己能夠持續做九年的最大心得是，完全得到客户的信任，對待客户的態度始終如一，讓第一個客户所感受到的誠懇延伸到每個人身上。

第六節 空間攝影——張修政

形容自己是「完全沒有自我的應召業，一切跟著客户的需求走，並且隨傳隨到」。學生時代由於唸的是美工，所以建立了許多基本概念，當時張修政選擇攝影當專攻，畢業之後就進晨光當助理，現在的合夥人就是晨光時期的師兄弟，取名為「弓長爾東工商攝影公司」，目前公司內共有兩名攝影師、兩名攝影助理及一位行政人員。

張修政小檔案

姓名：張修政

SOHO類型：空間、商品攝影

SOHO資歷：曾任晨光攝影助理、摩登家庭雜誌、當代設計雜誌，現為弓長爾東公司負責人

最得意的作品：中華賓士系列

自由工作生活觀：歡喜就好

拜師學藝有前途

張修政認為進這行一定要先「跟」攝影師，不論是在國外取了多少經回國，都要經過學徒的階段，熟悉器材、作業方式、市場型態，也因為師徒制的傳承，目前張修政依然和師父保持密切連絡。

做了五年的學徒之後，張修政先後進入摩登、當代設計等室內設計雜誌，在雜誌社工作期間，由於時間較有彈性，除了公司的工作外，空閒時間就接案子做，自由安排工作行程。

認為自己非常愛玩，所以才拖了那麼久，直到民國八十四年底才有了屬於自己的攝影棚，目前已經入行十年。張修政表示，開攝影棚之後就沒有辦法拿著行事曆，隨意地安排工作行程，更不能想出去玩時就劃個大叉叉，因為每一個案子的細節都要顧到。但對於接案來說，由於打的是團體戰，可以接大一點的案子，可以帶大量的燈光器材，製作水準自然比以前要來的更好。

此外，在工作時間上也跟常人不同，比方說拍飯店的型錄，要避開原有的營業時段，只能選在半夜一點開拍；有時案子急了，例如全省中華賓士的門市要全部拍照，好天氣也許只有三天，只好出動兩組人馬，不分晝夜，晚上開車，白天拍照，全省到處跑。「做我們這行的還有一個特質，我們不能挑地方睡，整個生活習慣必須完全配合工作型態」。

與客户的合作上張修政最怕兩種人，一種是在拍照現場，他都沒有意見，但拍出來後才拚命表示看法，當客户專業素養不夠時就很容易產生這種狀況；第二種則是公司倒閉，或負責人離職而被倒帳，只能默默把淚水往肚裡吞。

加班是家常便飯

時間常常不夠用，加班已經是家常便飯，但是工作內容靈活且具有挑戰性，有別於朝九晚五的死板與規律，更能吸引無數人爭相投入這個領域。張修政打趣的説，「做這行餓是餓不死，但是要發財也很難」，因為出賣的是時間和技術，賺的都是工錢，支持大家一路往下走的信念是工作中所獲得的成就感，「片子受客户肯定」，是所有攝影師的快樂來源。

第七節　分析與建議

縱觀這六位攝影師的資歷，專業而豐富，每個人都在相關的領域裡豎立了良好的口碑，就開個人攝影工作室的經驗法則，筆者歸納整理出以下幾個方向，盼能對讀者有所助益。

學徒資歷不可少

這六位攝影師都是從攝影棚助理做起，並曾在雜誌社或其他公司待過一段不算短的時間。先在相關的領域做個三、五年，打穩專業基礎，充實本身實力，成為SOHO族的時機也是一大關鍵，究竟什麼時候該行動，每個人有快有慢，不過實力仍是最大的考量。

要精也要通

大家都建議，每個攝影師最好有自己的專長，比方說擅長拍食譜或拍汽車等，但是台灣的市場並不大，分工無法那麼仔細，無法養活專業的攝影人員，因此最好有一樣拿手的本領，以此成為自己招牌，但是其他領域的也要多方的涉略，樣樣皆能拍，才不至於機會上門來，卻苦於技術問題而錯失。

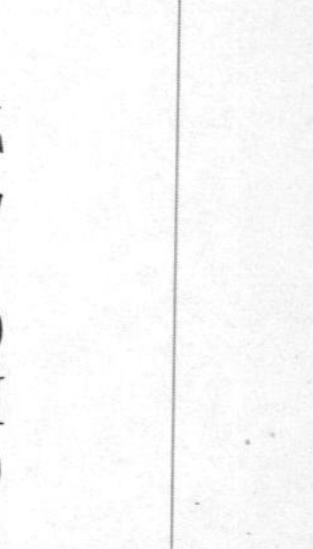

用作品打動客戶的心

「要做就做最好的！」是SOHO族打動客户的第一步，過去所累積的成功案例都是未來接案的助力，很多攝影師表示現有的客户會替你帶來更多的客人，誠懇、專業、實在，是留住客户的最大利器。

不過，也不要因為追求量多而疏忽了品質，如果因此把作品水準降低則是得不償失的。

堅持就會成功

賴光煜和周明恩都曾經有把工作室收起來的經驗，累積了第一次的經驗後，當捲土重來時他們更能明確地掌握自己想法和做法。肯堅持就會成功是千古不變的定律，當然，你不需要等到遍體鱗傷之後再捲土重來，我們的用意，就是希望提供過來人的經驗，找出成功的經驗法則，助你一臂之力。

人脈的累積

要想真正進入攝影SOHO這一行，「人脈」就是成功的契機，作品的專業度與人際關係的維繫絕對是相輔相成，缺一不可，因此你必須學習和相關領域的人建立關係，然後替自己打知名度，讓別人知道你的能力，比方說，如果是做商品攝影，便要勤跑雜誌公司或設計公司，便可從中認識不少人。

根據許多攝影師的經驗，約有八成左右的案子，幾乎都是由朋友或現有客户轉介而來，自我推銷的成功機率只在少數，如果你能積極拓展人際關係，快速累積人脈，相信離成功不遠了。

保持運動的習慣

做這一行一定要能耐操、耐磨，體力好是最基本的條件，有的人喜歡登山，有的人利用游泳或合氣道調節自己的身體。不論你喜歡那一種方式，不論你的工作有多忙，都記得一周抽出二、三天來做運動，「留得青山在，不怕沒柴燒」，如果你善待自己的身體，身體也會給你良好的回應。

第三章

攝影SOHO速配指數大考驗

決定出走了嗎？喂！等等！
在放棄現有的工作全心投入之前，
先確定我——適不適合？

小邱是一位腳踏實地的上班族，工作之餘喜歡四處拍照，並且樂在其中，他三不五時地將作品投稿到報社、雜誌社，也因為風格清新而獲得編輯青睞，算算收入，對生活不無小補，這讓小邱對自己的攝影技術愈來愈有信心，回到工作崗位，面對辦公室內整日堆積如山的枯燥工作，讓小邱衝動地想遞出辭呈。

相信很多人和小邱一樣擁有相同夢想，只是無從判斷自己究竟適不適合成為攝影SOHO。下面提出四個疑問，你是否能在一分鐘之內不假思索的寫下答案呢？

1.我能夠拍什麼？

2.我可以拍什麼？

3.我想拍什麼？

4.我應當拍什麼？

服裝攝影SOHO許熙正認為，新人不妨放慢腳步在這條路上慢慢去嘗試，最後篩選出最適合自己的一條路。攝影的對象不脫人像、物品兩大範疇，舉例來說如果拍一台錄音機，給你二十四小時的時間去磨，有人覺得很有趣，因為沒有人會干涉你，你可以慢慢從各個角度觀察，光線要怎麼打，哪個部分可以來個特寫，但是有人卻覺得無趣，「我覺得我完全沒有這個耐心去做，所以我不適合拍商品，而轉拍人物」這是許熙正的心得，那麼你呢？

有人認為拍婚紗過程太繁雜而且單調，較適合個性沈穩，心思細膩的人，比較沒有什麼挑戰，婚紗主要重點應該在化妝造型上面，攝影本身的技巧性不高。

商業攝影拍的東西比較有變化，如果你的個性隨和，大而化之，適合做婚紗也適合走商品。林瑞合當初從商業攝影的領域跳到婚紗的領域中，就是在嘗試的過程，得到第一對客人的讚許和認可，除了拍出客人想要的感覺，還拍出了和別人不一樣的東西，拍的手法不流於市面上的攝影技巧和固定的型式，加入了電影的情節，著重在溝通的感覺上，利用專業能力將新人的影像做個永久的保存。

如何選擇一個最適合自己的項目來專攻，考驗著每個人的智慧，除了專業技巧外，個人興趣、生活態度、工作能力及人脈範圍都是必須仔細評估的點，你可以做做下列的心理測驗，測試看看自己的速配指數。

掂掂自己的份量

出走，要有本錢，而不是只憑一

股衝動。以下的心理測驗試著從幾個角度來檢視你的工作觀、生活觀、視覺概念、人脈指數、專業傾向。每一個問題都有四種答案，答(1)得0分，答(2)得5分，答(3)得10分，答(4)得15分，答完之後，算算分數，讓數字告訴你，你的攝影SOHO速配指數。

1. 覺得自己總是坐不住，喜歡往外跑

(1)很少如此(2)偶爾如此(3)經常如此

(4)總是如此

2. 老闆交待的工作，即使熬夜加班也要努力完成

(1)很少如此(2)偶爾如此(3)經常如此

(4)總是如此

3. 遭遇挫折時，有吃虧就是佔便宜的想法

(1)很少如此(2)偶爾如此(3)經常如此

(4)總是如此

4. 在沒有夥伴的工作環境下，你仍能甘之如貽

(1)很少如此(2)偶爾如此(3)經常如此

(4)總是如此

5. 看到新奇的事物，想要一探究竟，

未獲解答，決不罷休

(1)很少如此(2)偶爾如此(3)經常如此

(4)總是如此

6.每天情緒總是高昂得有如天天天藍

(1)很少如此(2)偶爾如此(3)經常如此

(4)總是如此

7.連續假日時不會蒙著頭睡大覺，仍能維持平時的規律作息

(1)很少如此(2)偶爾如此(3)經常如此

(4)總是如此

8.每天不會循著一定的通勤路線，而喜歡任意探險

(1)很少如此(2)偶爾如此(3)經常如此

(4)總是如此

9.出門旅行時不喜歡跟團，喜歡自主的安排行程

(1)很少如此(2)偶爾如此(3)經常如此

(4)總是如此

10.看到不完美的東西很想動手去改造一番

(1)很少如此(2)偶爾如此(3)經常如此

(4)總是如此

11. 喜歡觀察別人的穿著，並且提出自己的意見
(1)很少如此(2)偶爾如此(3)經常如此
(4)總是如此

12. 哪裡有展覽，就往那裡走
(1)很少如此(2)偶爾如此(3)經常如此
(4)總是如此

13. 喜歡蒐集電影海報、風景名信片
(1)很少如此(2)偶爾如此(3)經常如此
(4)總是如此

14. 一聽到音樂就能想像畫面
(1)很少如此(2)偶爾如此(3)經常如此
(4)總是如此

15. 無法忍受路邊攤粗糙的用品，即使它很實用
(1)很少如此(2)偶爾如此(3)經常如此
(4)總是如此

16. 朋友老是三不五時喜歡找你聊天
(1)很少如此(2)偶爾如此(3)經常如此
(4)總是如此

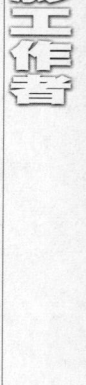

17. 逢年過節不忘給朋友一聲問候
(1)很少如此(2)偶爾如此(3)經常如此
(4)總是如此

18. 即使在陌生人的聚會中，仍能侃侃而談
(1)很少如此(2)偶爾如此(3)經常如此
(4)總是如此

19. 平常在辦公室裡與同事相處融洽，很少有磨擦衝突
(1)很少如此(2)偶爾如此(3)經常如此
(4)總是如此

20. 在會議中自己的提案遭受淘汰，卻會不斷修改以求下次能夠通過
(1)很少如此(2)偶爾如此(3)經常如此
(4)總是如此

21. 很注意當季流行的服飾、彩妝，有強烈的流行觸感
(1)很少如此(2)偶爾如此(3)經常如此
(4)總是如此

22. 聽的懂新新人類獨特語言，並且相處融洽
(1)很少如此(2)偶爾如此(3)經常如此

(4)總是如此

23. 無時無刻都有新點子冒出來
(1)很少如此(2)偶爾如此(3)經常如此
(4)總是如此

24. 能夠用詼諧的語氣引導他人跟隨
(1)很少如此(2)偶爾如此(3)經常如此
(4)總是如此

25. 與你合作的工作夥伴對你很放心
(1)很少如此(2)偶爾如此(3)經常如此
(4)總是如此

26. 可以長時間觀察一件物品而不嫌煩
(1)很少如此(2)偶爾如此(3)經常如此
(4)總是如此

27. 具有熟稔的執行能力及溝通力
(1)很少如此(2)偶爾如此(3)經常如此
(4)總是如此

28. 很喜歡研究東西的材質
(1)很少如此(2)偶爾如此(3)經常如此
(4)總是如此

29. 缺工具時，具有馬蓋先的本領，凡

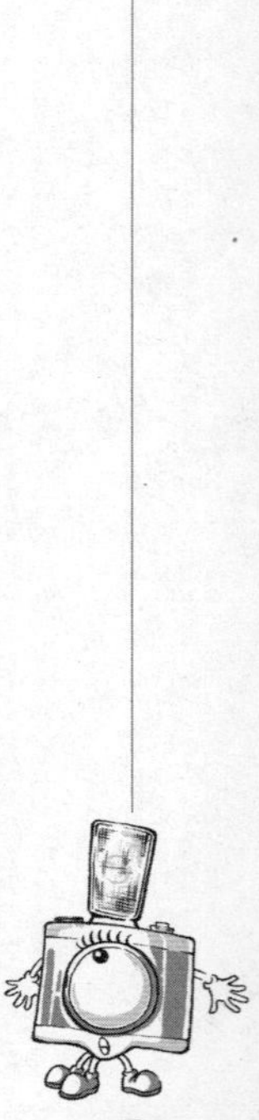

事可以自己DIY

(1)很少如此(2)偶爾如此(3)經常如此

(4)總是如此

30.能夠容忍工作中的嘈雜與不安

(1)很少如此(2)偶爾如此(3)經常如此

(4)總是如此

做完這些題目之後是不是對自己愈來愈有信心了，別急別急，喝口水、喘口氣，將分數相加，答案即將揭曉！

◎1～5題代表你的工作觀

得分0～20分顯示你的做事態度比較被動，在工作上需要有人推你一把，比較適合待在企業體系之內；得分25～40分，你的工作表現屬於乖乖牌，不會犯錯也不很突出，想要成為攝影SOHO，還需要再加把勁；得分45～60分，你對工作十分執著，可以考慮先用兼差的方式試探市場。

◎6～10題代表你的生活觀

得分0～20分，你喜歡過規律的生活，是個標準的上班族，攝影SOHO的沒日沒夜會打亂你原有的生活次序；得分24～40分你渴望改變，卻又害怕改變後的結果，如果勉強要進入SOHO族的領域，最好有一個強而有力的合夥人；得分25～40分，你喜歡求新求變，並且勇於冒險，很適合加入SOHO族的行列。

◎11～15題代表你的視覺概念

得分0～20分，你是個腳踏實地的人，對生活中具有美感的事物，視而不見；得分24～40分，你有一點美學天分，可惜並未完全開發；得分25～40分，你具有強烈的視覺概念，很適合往這條路發展。

◎16～20題代表你的人脈指數

得分0～20分，你比較剛毅木訥，不擅言辭，比較適合做幕僚人員；得分25～40分，你是個挺好相處的人，只是對朋友的經營有點漫不經心；得分25～40分，你通常是朋友中的意見領袖，只要好好發揮自己的天份，人氣必定愈聚愈旺。

◎21～25題代表你的人像攝影指數

得分0～20分，你沒有流行的觸感，也不能接受新奇的事物；24～40分，你介於流行和保守之間，如果想走這一行，需要更敏銳的觀察力及自

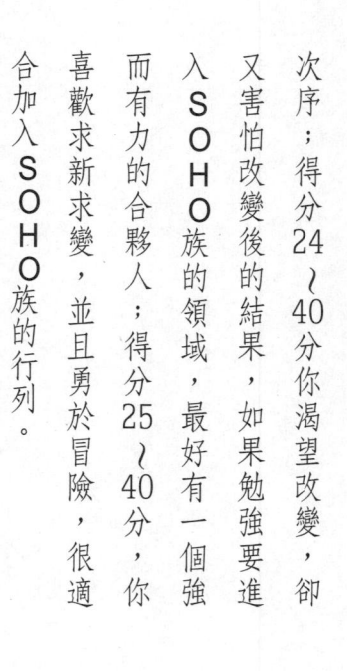

我進修；得分25～40分，你很能接受新鮮的東西，也容易讓人產生信賴感，別猶豫，你很適合走人像攝影，比方說婚紗、寫真集、唱片、服飾、雜誌、立體攝影等種類。

◎26～30題代表你的商品攝影指數

得分0～20分，你是個悶不住的人，無法享受獨處的快樂，不適合個人工作室的型式；得分24～40分，你的執行能力尚可，但若想闖出一番天地，需要別人的協助；得分25～40分，你很能自得其樂，也能夠應付惡質的工作環境，別懷疑，你很適合走商品攝影，比方說廣告、商品、空間、雜誌、立體攝影等種類。

進入攝影SOHO之門

備忘錄

第四章

創業準備點線面

你已準備好要迎接新的挑戰嗎？在創業前還有哪些該注意？地點、資金、合夥人、器材等大問題就要來了！

小王曾在婚紗公司服務了五年，由於工作態度認真，與客人應對合宜，在很短的時間內，老闆就將他升格為正式的攝影師，也因為拍照技巧愈加成熟，又能獨當一面，但見老闆日進斗金，自己卻只領個區區數萬元，小王興起一股有為者亦若是的豪情壯志，不顧老闆的慰留，毅然決然辭去了婚紗公司穩定的工作，自己選組了個婚紗攝影工作室，但是才短短半年，問題就來了，婚紗攝影的服務範圍是多方面的，除了攝影品質要求高之外，客人還要求許多周邊的服務，這些採買的瑣事也把小王搞得團團轉，過了不久，小王也發覺地點好像選錯了，怎麼都沒有客人上門來——

即使你在專業技巧上擁有多年的經驗，也覺得自己的能力能夠獨當一面，創業對你而言畢竟是一個陌生的領域，以往在公司只要把自己的飯碗端好，其餘的事情有專人替你打點，但是現在不僅專業的事要做，也要做很多瑣事，因此在創業之前預先做好萬全的準備，在日後才能安穩的展開衝刺工作。以下這個單元藉由訪談及歸納整理，提供意見供你參考。

第一節　專業能力與創業基金的籌劃準備

專業能力的評估

攝影是一項專門的技術，很難評估應當學多久、拍了多少片子才能出師，尤其目前沒有這樣的證照制度，更難有個標準答案。但是拜科技發達之賜，許多相機器材都已非常進步，例如測光表，光線可以完全依照測光表所測的東西拿捏，幾乎沒有曝光的問題，不像以前必須由經驗去判斷。對焦的問題也是一樣，以往抓角度必須磨練許多時日才夠準確，而現在只要依自動對焦，經由馬達轉動即可完成，賴光煜認為，學習攝影器材的使用只需三個月，但是要完全熟悉器材，並且拍出一張令人激賞的照片則要靠後天的努力與經驗，包括美學的概念、對光線明亮的拿捏、對事物的敏銳觀察，以及掌握市場的流行趨勢等。

攝影的專業能力分為技術面和非技術面，技術面要常常翻書，廣告攝影李達民當初在當助理時，收工之後，每天回家作筆記，把當天工作的燈光畫出來，要具備研究精神，不斷的突破，看到新的東西便得去思考該怎麼做。

客户或好友的肯定是最好的評斷，在筆者訪談中有不少攝影SOHO是受到親友的技術許可後才決定自立門户。

創業基金之預估及準備

這可分為平面攝影和電視攝影兩方面來談：

一、平面攝影

平面攝影包含範圍非常廣泛，如前所述包括雜誌攝影、廣告攝影、空間攝影、服裝攝影及唱片攝影，因屬性相近所以放在一起說明，而婚紗攝影由於範圍牽連甚廣，所以於第二點敘述。

1.個人工作室

對攝影這一行來說，創業基金是很有彈性的，不會有完全不懂的人突然想開一間攝影工作室，通常玩相機的人，多多少少自己原就有具備一些攝影器材。

一間小型的攝影棚包括基礎燈光約廿萬元，攝影器材約十萬元，但是國產貨和進口貨之間有相當大的價格差異。若自行購買燈光，以一千瓦的燈光為例，國產燈的價格約一萬五，進口燈就需四萬元。

如果礙於經費有限，有的攝影器材可以買二手貨，但有的錢卻不能省，廣告攝影李達民建議，鏡頭一定要買新的，因為機身可以檢查，鏡頭卻不易辨到，比方說，同樣的廣角鏡頭，有二萬多到四萬多的價差，品質有差，類似這種錢絕對不能省。

不同的攝影類別所需求器材的比重不同，你可以按照自己的需要決定優先順序，不一定要一次採購齊全，雜誌攝影賴光煜和其他攝影同業便採取合作互惠的模式，各自擁有一些不同的配備，有些東西等需要用到的時候，再互相支援，如此可達到資源共享，節省不少花費。

對一個攝影新鮮人來說，由於人脈還不固定，要熬過初期的困窘期，必須先準備好半年的生活費，及半年的房租，若以租一個房子二萬元，三個月的押金就是六萬元，光前六個月的房租就要十八萬元，因此保守估計要五十萬元。

2.婚紗攝影公司

林瑞合婚紗攝影一開始位於吉林

路上，以個人工作室的方式經營，將攝影棚和招待室結合在一起，當時的器材加設備約五十萬。以這種型式經營，如果人員和房租控制得當，唯一要支出的部份就是投資在禮服方面，林瑞合當時的做法是客人喜歡再找設計師做，可以節省成本。

四年後當公司擴充到中山北路，增加了門市和攝影棚，六十坪左右的店面，加上禮服花費、結婚的相關配飾，大約需要六百萬元的資金。光是門市支出就要花費兩百萬元的管銷費用，林瑞合表示這是市場的趨勢，如果沒有門市場所，所做的業務就只能侷限在工作室的範圍。

二、立體攝影

以前的類比攝影機因為機型太重已經遭市場淘汰，現在的你必須擁有一架數位攝影機，約廿五萬元，拷貝機兩台約三萬元，配音用的CD座約六千元，混音器約一萬二千元，充電器、電池及角架等，至於剪接機可視資金情形再決定是否採購，因此最好約略準備四十萬元的創業基金。

周轉金的預估與準備

周轉金的幅度在不同攝影類別之

間，有著明顯的差別。

收入不固定是SOHO所面臨最大的問題，你可能會遭遇這樣的情況，該進帳的錢一直被耽擱，該繳的錢卻一天都拖不了，即使你急得跳腳還是得先化解目前的窘境，因此周轉金的準備成了最不可或缺的一環。

攝影工作者依不同的型態而言，有時可以直接收現，有時也得花上個把月才能領取支票，因此如果經營得當，周轉金的需要不如其他行業來的嚴重。以種類來說，最需要周轉金的應屬婚紗攝影，因為婚紗經營的模式最複雜，支出也最龐大，婚紗攝影工作者林瑞合建議，應當以收入的七成做周轉金，三成做投資，如此是較為妥當的方式。比方說，若當月收入五十萬元，可以十五萬元買賣股票或選擇其他理財方式，餘下的三十五萬元留著添購其他的配備或提供不時之需。

生財器具的準備

攝影是一門相當專門的領域，由於科技的改良日新月異，很多相機器材等等都非常進步，為節省開支起見，你不可能在初組工作室之時，就投注大筆資金全數購買昂貴的器材，應先添購基本配備，等日後資金寬裕再漸漸擴充。

以下為您整理出平面攝影與電視攝影生財器具一欄表，讀者可依據個人財務狀況及專業需求，做準備金的規劃，並且購買適合自己的產品。

婚紗攝影道具

《平面攝影、電視攝影生財器具一欄表》

平面攝影	預算	電視攝影	預算
1. 攝影棚		數位攝影機	
2. 專業閃燈		剪接機	
3. 背景紙（布）		CD座（配音用）	
4. 道具		拷貝機（2台）	
5. 三角架		混音器	
6. 120相機		充電器	
7. 135相機		電池	
8. 4×5相機		角架	

9. 傳真機			
10. 電腦			
11. 機車或汽車			
合計			

復古式：皮箱、服飾、眼鏡、相機

華麗式：宮廷、亮麗、法國椅

素雅式：簡單、線條為主的家具椅

浪漫式：床、蕾絲、柔和線條

第二節 創業的心理調適與家人的溝通

對於創業這項陌生的嘗試，心態上難免又期待又怕受傷害，首先你絕對不是因為貪圖浪漫輕鬆的生活，才來從事SOHO，雖然從事的是自由業，可是你是個不自由的人。興趣，是最大的支撐點。根據過來人的經驗，做這一行，餓不死但是也賺不了幾個大錢，許多攝影工作者最後賺到的是一堆器材，因為在拍照過程中突然覺得少了什麼就開始添購。

擬定完善的工作計劃是創業前最重要的環節，你可以製作一份未來的工作日誌，包括工作室的規模大小、工作時間的分配、工作內容的比重，多久可以完成一項工作，以及第一筆生意進帳的時間。

有人覺得個人創業過於冒險，於是利用舊有工作未辭去前，先以兼差接case的方式來進行，等到順利獲得了第一筆收入，以及後續可能的賺錢機會，才辭去舊有工作。

因此在離開舊有的公司之前，可以先給自己半年的時間做緩衝，一方面能夠讓自己思考得更透徹，一方面也可以預先打理人際關係，你可以向曾經合作或正在合作的客户透露即將創業的訊息，以爭取日後合作的機會，如果和目前工作的老闆相處愉快，甚至可以在原有的職業中取得新的工作機會。

創業的心理準備

攝影工作者常常需要一人當數人使用，因為成本考量，必須自己做道具，找木頭拼裝組合，上油漆等，出外景時扛器材，「攝影這一行真不是人做的」有人這樣表示，要當木工、捆工、油漆工，因此你必須有當「阿信」的準備。

別把生活想得太浪漫，以為脱離了朝九晚五就可以整日逍遥遊，「這是不可能的事」。廣告攝影李達民説，「最自由的工作可能是最不自由的，最有彈性的工作可能是最沒有彈性的」，因為客户什麼時候來並不一定，你必須隨時隨地能讓客户找到，如果一、二次不見蹤影，或者不能配合指定的時間，那麼很抱歉，他可能會跟其他攝影師建立良好的關係了。

學習放下身段，也是個體户應有的認知，或許你在先前的工作中已經做到大牌的地位，過去你出門拍照可能有專人幫你敲好時間、地點，而且有一個助理幫你打點瑣事，成立工作室之後一切必須歸零，這種心態上的轉換也要拿捏得宜。

此外，假設你的個性是那種懶懶的，不喜與人接觸的人，只想逃避現有的工作環境，還是不要做這一行的好，不然就是背景要好，後台要穩，否則走這一行是相當辛苦的。

與家人的溝通

夢想即將起飛，你張開雙臂準備迎接新生活的到來，但是對你的親友而言，除非他們也是同業，否則未必能夠認同你的理念，在一般人的觀念中，總是認為一份正常的工作才是生活最大的保障。

因此在成為居家工作者之前就應當和家人商量討論，你可能會長時間工作，或工作時間不固定，對家庭生活品質必定有所干擾，事先取得家人的認同與支持才能無後顧之憂地進行預定的計劃。

如果你身處多口之家，又是家中的主要經濟來源，就更要顧慮到配偶的感受，試著讓他們瞭解，你未來的工作能否收入穩定，過著平均水準以上的生活，並且重新衡量家庭的收支

安排。

也由於居家工作者的生活型態不脫離家庭的範疇，與家人的互動過於頻繁，導致時間被嚴重切割，比較常見的狀況便是家人任意要求代辦家務或請求幫忙外出辦事購物，而拖遲工作進度。

生活作息的調整

過於忙碌與過於空閒都是居家工作者所面臨的共同問題。

正當你慶幸自己終於脫離了朝九晚五的生活型態，可以不用靠打卡鐘過日子，可是你卻發現自己竟然變成了7～11隨時隨地處於stand-by的狀態。應當是工作時間，可是卻有朋友打電話來吐苦水，因為他認定你有的是時間，這時不妨用誠懇坦白的態度和對方溝通，或者利用答錄機來過濾電話。

另外一種極端的例子，是手上完全沒有案件在忙碌，成為整日昏昏沈沈無事可做的孤魂，或一時興起就擺起龍門陣、方城之戰，如果沒有自律精神，只會在將來徒留悔恨與懊惱。

雜誌攝影賴光煜的做法是，雖然預知當天沒有稿件可做，但是仍然九點準時到攝影棚報到，不會在家睡大頭覺，一切比照一般人正常的作息，明確告訴自己現在是工作時間，才不會鬆懈怠惰。

如果有有趣的案子，廣告攝影李達民便會攜伴參加，把另一半也帶去玩一玩，比方說，李察吉爾來台的慈善晚會，或室內設計等軟性的題材，便用一種比較輕鬆的心情去面對，這也是一個很好的作息調整。

婚紗攝影林瑞合選擇利用清晨時間去游泳，十點進棚拍照，晚上時間和客人做溝通了解客人的狀況，由於孩子年紀尚小，比較好做安排。

進入攝影SOHO之門

備忘錄

第三節　合夥做生意的評估

和幾個志同道合的朋友一起創業，也是很多人選擇的方式，一來合資合夥可以很快募得資金來源，達到分散風險的目的，二來借重夥伴不同的專長，可使公司更快步入軌道，但是事前規劃如果沒有仔細評估，權利義務沒有明確告之，昔日的革命情感很可能轉為日後的反目相向，可說是賠了夫人又折兵，不值得啊！

作夥來鬥陣

1. **慎選合作形式**

投資創業不能隨著他人起舞，合夥人的工作理念要彼此相近，不能有太大的落差。為了事業的永續經營，在合夥之前要了解有關出資、增資、退夥和解散等法律關係，才不至於日後徒傷悲。

2. **權利義務要明確規範**

除了利潤共享，合夥人多半要一同參與公司的重大決策，包括營運方向、財務調度等，因此與朋友一同創業，還是要決定該誰當家作主，將職權畫分清楚，以免互相干擾對方的權限。

3.張大眼睛尋找合夥人

團結就是力量，在分工日細的現今社會，如果能找到和你氣味相投的合夥人，對事業的發展絕對有倍增的效果，反之，找錯了合作夥伴，可能扯你的後腿，讓你欲哭無淚。

合夥人首重品德操守，如果這個夥伴並不是你的舊識，不妨打聽一下他的信用狀況，並且觀察他的交友狀況；其次抗壓力要強，開創事業一定要冒風險，如果心臟不夠強壯，一遇挫折就想逃避，只會造成你往前衝刺的絆腳石。

4.股權妥善分配

雖是合夥經營共同的事業，為免日後紛爭不斷，在一開始合作便要決定誰是家裡的大人，如果你希望取得公司的主控權，股權比例必須掌握百分之五十以上。

了解競爭對手

你知道自己的競爭對手是誰嗎？他們可能是你的朋友、師父或將來你所帶領的學徒。花一點時間，多多注意及參考同行同業的相關訊息，他們既是你的競爭對手，也或許是將來你可以合作的對象。

你最好能事先評估有哪些人已在做你即將投入的攝影類型，他們目前的案源如何，好不好做？也就是這個類型的潛力有多大？是否還有你的一席之地？並且了解你的優勢在哪？在哪些的服務上你能夠贏過這些前輩，這個步驟很重要，古有明訓，知己知彼才能百戰百勝，你事先投下多少精力，就能算出你能回收幾成。

進入攝影SOHO之門 備忘錄

第四節 工作區域的選擇與規劃

以攝影工作者來說，擁有一座完善的攝影棚是最基本的需求，有些人將攝影棚與住家結合為一，有些人則是擁有單獨的攝影棚，如何選擇，端視個人的需求與服務的類別而定。

廣度與高度要夠

攝影棚的廣度、深度和高度都要足夠，基於租金考量，許多人的攝影棚都位於二、三樓，除了房租比較便宜外，空間也較好運用。

如果工作室與住家合而為一，最好能夠騰出一個獨立的空間供接待客戶用，因為家中擺設難免雜亂，很容易使客戶產生負面印象，直覺的認為你不夠專業。立體攝影SOHO周明恩剛開始也是將住家中的某個房間當做工作室，但是由於器材眾多，全塞在一個房間難免覺得空間不足，此外，年幼的小孩無法體會你正在工作，容易干擾工作次序。因此他後來將工作室改在住家附近，兩邊都可以照顧的到。在工作室的規劃上可分為接待室、辦公區、剪接室、器材室，客人進來時會覺得你很專業。

大規模的婚紗攝影區域佔地最大，除了必須擁有門市據點，用以接洽客户，擺放禮服外，還必須擁有一個佔地不小的攝影棚，在地點的選擇上，中山北路和愛國東路是台北市婚紗公司最大的集散地。

如果是先以工作室的型態來經營婚紗攝影，地點的選擇就未必要在鬧區，比方說林瑞合當初選在吉林路上，只要靠口碑，以客人帶客人的方式就可以經營，這也是最有效的宣傳方式。

人像攝影工作室以學區附近最為討好，因地利之便，可以就近招攬要拍攝畢業紀念照的學生。此外，近年來個人寫真集的拍攝風潮持續加溫，年輕的客源正是寫真集的最大消費主力，選對了地點就等於已經成功了一半。

鄰近上下游業務

眼尖的人可以發現個人攝影工作室多集中在八德路一帶，因為許多沖印店近在咫尺，有地利之便，此外，台北的許多廣告公司都集中在這附近，跟客户的連絡往來也很方便。空間的考量也是一大要求，老房子的高度和寬度都比較好利用。廣告攝影李達民當初選擇在南港同德路附近租屋也考慮了這個因素，基於工作室人事精簡原則，必須遷就沖印公司業務動線的範圍，送件、取件都有專人服務，早晚各來一趟，為工作室省去可觀的時間。

選擇一個適當的地點，方便客戶也方便自己，有時如果把物品帶回攝影棚拍照，不需舟車勞頓，可以節省許多時間與精力。

總而言之，工作區域的挑選分為下列幾項：

1. 交通便捷。
2. 離上下游業務往來公司不會太遠。
3. 鄰近客源。

檔案管理很重要

也許你的攝影功力十分高超，但是卻左翻右翻上翻下翻都找不到那份與客戶簽定的重要合約，一時之間覺得捶胸頓足，連這點小事都處理不好，許多時間就這麼白白浪費了，事實上，你可以更有效率的來處理這些問題。

由於是「一人公司」，凡事都要自己來，為了提高工作效率，你必需事先做好工作區的檔案收納，才能事半功倍。其實檔案管理並不是要將所有的檔案全數放在辦公桌附近，辦公桌上所陳列的檔案，應該以當日所需處

理的文件為主即可。

你可事先評估需要多大的收納空間，並規劃一個完整的動線，將所有的物品，分門別類的整齊排列在內，再加以編號，或用英文字母做代碼或按照時間先後來區分，當然最重要的是養成良好的習慣，用完立刻歸檔，如此，就不必浪費時間在重覆整理文件當中。

進入攝影SOHO之門 備忘錄

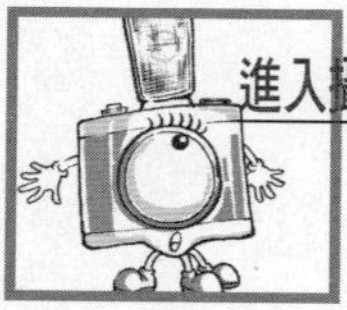

進入攝影SOHO之門

備忘錄

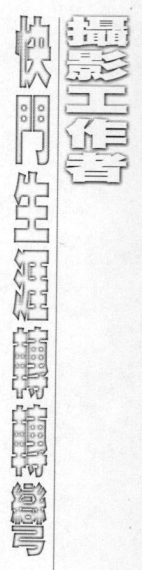

第五章

老闆換我做做看

個體户成立了，要怎樣擦亮招牌使你的公司門庭若市？讓我們看看現在市場上的狀況如何？

第一節　打亮你的招牌

要走得長遠，就要樹立自己的風格，拍出別人做不到的效果，如此才能輕易的打動客戶的心。

在成為攝影SOHO之前，許多人原本所拍的東西就容易成為自己的專業，比方說，你原本隸屬的公司是專門拍食品的，便可以將過往的成品周遊列國，向其他人自我推薦，以爭取日後的合作機會。

以電視攝影周明恩來說，目前在婚紗錄影的領域，由於取景、角度都很講究，尤其具備了其他同行所沒有的電視節目基礎，利用電視節目的概念組合，再流暢的串連起來，質感自然好，有別於其他同行大都是半路出家，以朋友拉朋友的方式，周明恩很注意臨場的活動與反應，很容易在業界樹立不錯的口碑

樹立自己的風格

在婚紗界裡佔有一席之地的林瑞合，以個人的名字做為logo，讓人印象深刻，除了拍出客人想要的感覺，還拍出了和別人不一樣的東西，加入電影情節的手法，拍攝手法不流於市面

上的攝影技巧和固定的型式，並運用商業攝影的光線技巧，「創新再創新，保持作品的水準」是打出知名度的主因。

「市場有的我們一定要會，市場沒有的我們去開發」，林瑞合從客户的口碑得之，認為自己當時所拍的婚紗風格會被市場接受，乃因其作品因緣巧合刊載在新新娘雜誌上，而且替新新娘雜誌拍攝禮服篇，漸漸地閱讀雜誌的新人和業界才慢慢注意到這個品牌。時常在新新娘雜誌上發表作品的林瑞合，不久之後發現業界會跟進他的拍攝手法，表示自己創新的東西深受市場肯定。

備忘錄

第二節　評估市場行情

不同性質的攝影SOHO，在報價及市場行情上也各有不同，有的片子可以議價，有的片子有公定價碼，這一節所要探討的就是各種攝影SOHO目前的市場行情。

1.雜誌攝影

賴光煜表示，攝影行情的議價空間很大，視照片的難易程度而定，一件商品做去背是一種價格，在商品旁邊另加裝飾又是一種價格。雜誌攝影多以單元計價，二千元至五千元不等，有的雜誌社則是數十年維持一種價格，永遠不漲。

2.廣告攝影

李達民表示棚內商品去背處理依質感要求，120底片約六千元至一千六百元，4×5底片約一千二百元至三千元之間。如果量多，則以量計價。外拍油膩的工廠，1天約一萬八千元至二萬五千元，十張以內，若超過則每圖加五百元工本費。

李達民建議，雖然攝影師是最不商人的商人，但是視客戶層次不同，

報價的技巧性也要拿捏得宜，有的公司廣告預算編得很少，不是那麼要求品質，如果報太高容易失去競爭力，相反的，如果你跟知名企業打交道，若是報價太低反而讓人對你的專業能力質疑，對於不熟悉或不曾合作過的公司，估價前不妨多方打聽，請同行給意見或交換心得，做最充份的準備。

3.立體攝影

結婚錄影的行情在八千或一萬二千至一萬五千元不等，有一次周明恩甚至接到八萬五千元的案子，他聯合其他同行用好幾部機器拍，那個案子的新人要求做大螢幕將男女雙方成長的點點滴滴在結婚宴客時播放，不過這種客戶畢竟比較稀少。

周明恩表示，工商簡介的行情更亂，預算很少的公司，有用十萬元就做的，或是十五、二十萬不等，許多經營得當，經費比較充裕的公司，也有做到百萬以上的。有時受限於經費，為了成本考量，很多效果不能做，為避免做出來不盡人意，這時就要先跟客戶溝通。

4.服裝、唱片攝影

許熙正表示，拍攝服裝或唱片是

以日計算，一個工作天的行情大約二萬五千元到五萬元之間，端視攝影師過去的經歷與市場反應而略有不同。

5.婚紗攝影、個人寫真集

市面上寫真集的行情約可分為36組二千八百元、72組五千元、108組七千元左右，同時贈送消費者20吋至30吋不等的放大照片。

婚紗的服務就不只於拍照，包套行情約四萬元上下，所謂包套服務內容包括30組的照片，照片尺寸分12吋、15吋及18吋，並且提供新人結婚當日的服飾捧花等。

請款

大部分的公司是當月月底送發票，下月月底拿票，約開三個月的票，當然也有客户不要你送發票就直接算現金給你。要提醒大家的是，和大公司打交道固然不用擔心收不到錢，但是整個案子進行時間的長短，則關係到利潤多寡，因此一定要問清楚再簽約，最好能明確訂出時間，為自己取得一份保障。

婚紗公司，或電視攝影等為新人服務的，多半可以直接領現，比較不容易碰到賴帳或不愉快的事情。

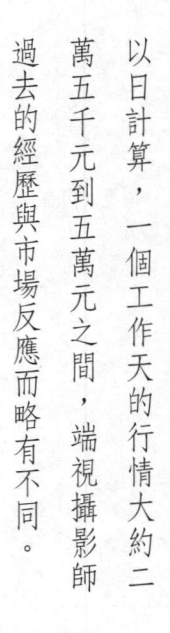

與客戶建立良好的合作關係

客人來找你代表著他對你的信任與品質的要求，所以把品質做出來及準時交件是最基本的態度，即便是客戶在時間上很趕，也應該儘量滿足他的要求。

賴光煜表示，敬業的態度是首要條件，這點從你拍照的過程中，客户就可以感受的到，隨時注意各項細節，就連一些小地方也不放過。服務的熱忱也是重要的一環，必須能做到準時交件不馬虎的地步。

在婚紗攝影的客户經營上，林瑞合表示要結婚的新人心情通常很複雜，有些人快快樂樂高高興興，有些人視為玫瑰戰爭的開始，情緒很不穩定，多配合客户，並勤於做溝通是不二法門，「保有原先的特質，行有餘力，能做到的儘量幫客户做到，才能皆大歡喜，圓滿達成任務。」

做好市場分析　創造個人優勢

「最沒什麼的照片，可能是市場最需要的」是廣告攝影李達民的經驗談，比方說去工廠外拍，這種照片技術層面不高，可是卻很辛苦，獲利也比較高，因此，大家最不喜歡做的可能比較有未來性。

商品市場會受到景氣影響，可能會漸漸萎縮，除此之外，電腦化的腳步日益更新，以前可能拍一張照片需要很高級的技術，日後可能只要把商品清晰的拍出，其它部份的技巧都可以交由電腦去做效果。

跟人有關的東西，若以年報攝影來說，必須親自赴廠拍攝該廠員工的工作狀況，這是電腦無法取代的地方，「有人的地方就有需求，這種需求是不會停止的」，整體而言，雖然經濟不景氣，電子媒體的預算可能會緊縮，但是平面媒體卻不見得會那麼嚴重，其實攝影的量還是很大。李達民表示，幾年前和朋友曾經對台灣的攝影市場做評估，以攝影師的人數而言，台北約佔了七成，台中約佔了二成，高雄約佔一成，以業務量而言，台北約佔七、八成，其實供需處於平衡狀態，以飽合度來說不算很完全，應該還有一些新人可以發展的空間。

立體攝影周明恩當初以結婚錄影為主攻項目就是看到他的市場性，再加上覺得有電視節目的基礎，做起來比其他人佔了優勢，而且花費鉅資購買數位攝影機，現在新新人類很要求品質，未來光碟、DVD 等接受度較高，又是另一個市場。

生意原則

攝影業講究的是服務品質與態度，任何類型的客人都要接受，除非你曾經合作過卻又信譽不佳的公司可以委婉拒絕，以下整理出四項生意原則提供給讀者做參考。

1.時間為第一考量

通常是手邊還有其他的案件在進行，客户如果不趕就可以接下來，但是現在有許多人都要求當日拍件，隔日取件，造成不少攝影師的困擾。賴光煜表示，他時常在做救火隊，一次兩次他可以接受，但是第三次就請他另請高明了，因為趕拍東西一定會有所疏忽，難免會影響品質，客户不僅不會感謝你及時交出東西反而埋怨你沒把東西拍好。

2.事前溝通要明確

儘量不重拍是大多數人的心聲，寧可在事前一再重覆「有效」溝通，明確了解要表達的重點是什麼，就算客户嫌你煩都沒有關係。以雜誌社而言，有些美編已經畫好初步設計圖，只要照圖去拍就沒有爭議性，這也是一個不錯的方式，但是美編畢竟不懂攝影，想像比較容易，但是有些角度或效果根本就做不出來，這時可以請美編盯場，輔以實際操作表達自己的困難。

3.不碰不擅長的領域

服裝攝影許熙正表示自己不喜歡拍婚紗，曾經有朋友請他拍過一次，合作下來，雖然客户很滿意，但是他自己不滿意也不喜歡整個工作流程，日後再有客户上門他都予以婉拒。

4.拒絕信譽不良的廠商

有的廠商常常拖款、欠款，平日即素行不良，或是傳聞已久的「傲客」都是大多數攝影師的拒絕往來户。

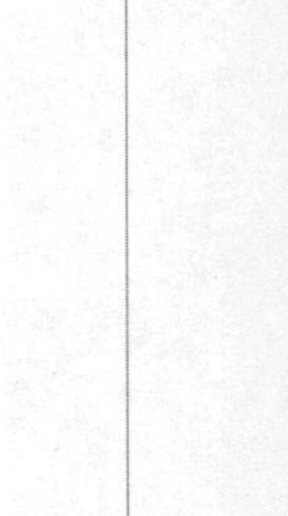

第三節 建立人脈

攝影工作室的業務多半靠口碑打天下，口耳相傳的力量是很重要的。根據經驗，經由客户或朋友介紹，可以為個人工作室帶來八成以上的業務量，所以只要服務品質夠好，並且在人際關係上多用心，就能逐步累積人脈。

廣告攝影李達民在學校學的是設計，有的同學目前在業界已經小有地位，因此常常互相幫忙，另外，他也曾經擔任基隆二信廣告設計科的老師，有的學生現在任職於廣告公司，雖然不一定有發包能力，達到立竿見影的成果，但是漸漸累積拓展出去的力量也很可觀。

李達民目前固定幫一家食品公司拍攝三節的型錄，剛開始也是經由旁人介紹，合作過後，廠商覺得他拍的東西比上一位攝影師好一點便和他展開長期配合。同學、朋友、拍過客户的介紹是李達民的人脈大宗，有的曾合作過的設計師不管日後待在什麼公司，都會回頭再找他合作。

「凡走過必留下痕跡」，有些偶發性的東西也可能替你帶來後續的發展，例如幫某個展覽做型錄，由於發放的客群很廣，有的人看到了也會詢問攝影者是誰，如果在型錄後面留有完整的通訊方式，便能讓需要的人很快找到你。

陌生拜訪也是很重要的一環，平時應該養成良好的習慣，將自己曾經拍攝的作品做分類見檔，當淡季來臨，案源較少時，便可以帶者自己的作品出門行銷一番。

累積案例很重要

攝影SOHO在平常就要累積一些案例，為日後的客源鋪路，因為有些客户並不明瞭你可以拍到什麼地步，這時就可以讓他看一下案例，廣告攝影李達民表示，前些日子有一位服飾代理商，準備提供給李濤上節目的全套服裝，想請他進棚為李濤拍照，當時就詢問他有無拍過相關人物，這時曾經拍過李察吉爾、歸亞蕾的李達民就很容易得到他的認可。李達民表示，這種案子並不是天天都有，何況全台北市有那麼多的攝影師可以找，類似這種案子就必須自己多加爭取，可以當成日後的sample。

售後服務也是是重要的一環，比方說以結婚錄影來說，因為曉得客户的結婚日期，周年慶時就可以寄賀卡過去，保持一個固定性的連絡，讓客户對你產生好印象，日後再有相同需要時，第一個想到的便會是你。

運用有效的行銷管道

口耳相傳：「一傳十、十傳百」的功效是很大的，成立工作室之後，一定要先昭告天下，當然你得先從周遭的親朋好友下手，讓他們了解你所從事的工作性質與內容，威脅利誘一番，當機會來臨時便能自然而然地助你一臂之力。

此外，提供高品質的產品與服務也能讓客户自動替你宣傳，在訪談過程中，筆者發現有許多攝影工作者的業務都是這樣帶來的，當你服務一位客户的同時，除了和他建立良好的關係，還可以請他為你引薦有需要的朋友，取得一些名單以供日後做拜訪。

1. 名片：名片會說話，你可把自己的經歷或服務過的大客户名稱印在名片上，還要記得時時刻刻把名片帶在身上，隨時隨地分發，事實上有些餐廳或泡沫紅茶店設有公佈欄或留言板，千萬別害羞，你可以留些名片在那裡，或是請店老板在適當的時候為你推薦。

2. 宣傳單：如果經費充裕，可以

把自己的代表作印製成精美的宣傳單或型錄，你可以自行投遞或利用夾報服務分送出去。

林瑞合婚紗攝影的做法是，每碰上周年慶或過舊曆年時，會寄卡片給客户，請他們回來拍周年照，用行動來證明對客户的關心，相對地，客户會再介紹客人來，一起來分享這種感覺。

3.**網路行銷**：在電腦化的普及日趨白熱化的現代，商品上網行銷是必然的趨勢，你可以自己設計網頁或請好友捉刀，將作品搭配公司服務項目簡介，利用精簡的詞彙及動人的圖片，讓更多的人認識你。

4.**招牌**：在工作室門前製作一個酷酷的招牌，不需要很大，但是要能夠顯出你個人的獨特與品味，讓人印象深刻，過目不忘，看了還想再看。

5.**登門拜訪**：「做而言不如起而行！」，你會從朋友或其他客户那兒取得一些名單，試著先打電話過去約時間，再將自己的作品整理成冊，從容不迫的上門哈拉一番，也許會有一些料想不到的收穫哦！

6.**接受媒體採訪**：婚紗攝影林瑞合就十分感謝許多媒體對他的報導，他表示只要媒體有需要就儘量配合媒體的採訪作業。

7.報章雜誌：林瑞合認為早期他的作品能夠打出名氣，新新娘雜誌的刊載替他出了不少力，尋找適合自己業務的報章雜誌來刊登自己的作品，會有畫龍點睛的效果。

8.郵寄作品：鎖定目標族群，比方說你想拍服裝型錄，就把作品寄給設計師、服裝師。

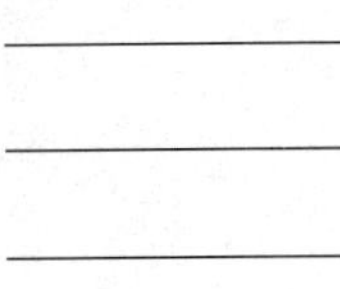

進入攝影SOHO之門 備忘錄

進入攝影SOHO之門

備忘錄

第十八章

創業行動大補帖

自己當老闆，還得懂什麼？報稅？理財？業務？法律知識？對於一個校長兼工友的人，我們的紙上補習班，要考前惡補囉！

小劉已經在雜誌社上班五年了，除了公司內的工作之外，閒暇之餘也接了不少案子在做，認真的態度與服務的品質，深受客户的肯定與讚賞，五年之間也結識不少相關同行，許多好朋友鼓勵他自己出來闖一闖，他也認為時機已經成熟了，因此成立工作室的想法一直在他腦中縈繞不去，可是他也擔心自己除了拍照之外，其他的東西都不懂——

夢想即將起飛，有人躊躇滿志，有人裹足不前，的確，除了專業領域之外，法律知識、報税技巧、業務能力、公關技巧、著作權等相關知識都是你該事先了解的，本章的重點就在協助你釐清這些要項。

第一節 魅力公關的運用

對許多攝影師來説，也許拍照很拿手，但是推廣業務上就不是很有把握，可能是藝術家的習慣使然，許多人都是在這點上吃虧，完全不懂得自我推銷，雖然你所從事的是創意、美學兼具的工作，但是成立工作室之後，你就是老闆，就是生意人了，還是多少學一點生意經，才能確保日後的衣食無虞。

業務技巧的拿捏

展現自信。首先，你要注意自己的形象，攝影工作者出門未必要西裝筆挺，但是還是要穿著得體，才能增加別人對你的第一印象。其次，對自己的作品與技巧展現自信，才能說服別人。

堅持就會成功。在推廣業務上難免遇到挫折與不順遂的時候，不要氣餒，想想還有其他人也和你一樣，為著更美好的將來而奮鬥著，儘量保持心情的愉快，化阻力為助力，檢討失敗的原因，不善言辭的你可以每天對著鏡子練習十分鐘，日積月累便能持續進步。

廣結善緣。利用每一次的合作機會和相關人員交換名片，談談自己的工作心得，適時適當地簡介自己的工作服務項目。

魅力公關

現在是個講究個人公關的時代，客户可能先認同你這個人，繼而認同你的作品，如何為自己贏得友誼，端看每個人付出的多寡，你可以比照演藝圈內經紀人包裝藝人的方式，為自己贏得先機，博得事業上的好采頭。

適度包裝自己。每個案子結束後，將相關資料歸檔，並將作品整理成冊，加上精美的美工，將作品的質感與專業度秀出來。

運用傳媒。有機會時不妨試著和傳媒沾上邊，接受媒體採訪或是發表你的專業觀點，你可以選擇投稿到報社或雜誌社，談談你的經驗分享或是分析目前的市場行情，最好是以專欄的方式呈現，再搭配相關的圖片，可以迅速提升知名度。

有點黏又不會太黏的人際關係。有些朋友目前不見得和你的工作有所交集，但是日後卻有可能為你帶來客户，在人際維繫上，不要顯得太過刻意，保持常温狀態，漸漸取得認同與信任。

善用幽默感。運用幽默的語氣與態度很容易拉近彼此的距離，化解人際的疏離感，當面對客户時，你可以用生動有趣的開場白來描述工作，再加上動作姿勢來配合。

第二節　法律與理財的概念

法律知識與理財概念都是許多SOHO族最弱卻最重要的一環，法律知識是用來保護個人的著作；而理財概念則是支持SOHO族走得可長可久的重要指標，別再漠不關心了，你一定要花點功夫為自己增加勝算的籌碼。

法律知識要加強

法律知識的不足是SOHO族普遍的現象，國內的盜版風氣仍盛，時而聽聞許多創作者的辛苦結晶，被移花接木到第三者的作品中，最後卻拿不出證據可以證明誰才是原創者，只能暗自氣得搥胸頓足。由於SOHO族多單打獨鬥，唯一能保護自己的就是法律，因此一定要花點心思了解法律相關權益。

除了別人可能對你造成的傷害，也要注意自己可能在不小心的狀態下，觸犯智慧財產權。比方說立體攝影的音樂使用要注意不能侵權，結婚錄影因為僅供家庭欣賞，不會公開播放，所以影響不大，公司簡介的音樂則要進錄音室，錄音室會開證明給你證明你沒有侵權，當然你也可以自行購買版權音樂來錄製，一片一千～二千元或七千～八千元不等。

在合約問題方面，一定要多打聽這類相關知識，以雜誌攝影而言，著作權歸攝影師，使用權歸雜誌社，攝影師不能將專案照片提供給別家雜誌社做其他用途；相對地，雜誌社未經攝影師同意也不能把照片做別種使用。事實上，只要是商業合作最好保有書面紀錄，並且簽署相關契約，千萬不要因為不好意思而忽略了這點。

婚紗攝影林瑞合表示，即使你什麼都不了解，只要遵守照相公會和婚紗同業之間的規定，多注意同業之間所辦的活動，就不會有大問題。在法律上，只要按時報稅，請專屬會計師幫忙，有問題時請教法律顧問，就沒什麼好擔心的。

理財概念不可少

個人財務與公司財務一定要分開處理，由於居家工作者很容易公私不分，長期下來根本搞不清楚工作室的財務狀況是盈是虧，筆者建議最好能夠使用不同的銀行帳户，並將收據及帳簿分開存放，養成勤於記帳的習慣，建立完善的財務收支表，妥善處理發票，保留每個月的沖印費、底片

費的收據，詳實紀錄水電費支出等日常開銷。

開源節流雙管齊下，是累積財富的第一步。開源方面，在創業的初期，不放棄任何一個賺錢的機會，不去介意CASE的大小、進帳的多寡，多方面爭取收入來源；在節流方面，老一輩的人諄諄告誡，「錢是省出來的」，擺脫好大喜功的毛病，摒棄賺一元花兩元的惡習，精打細算過生活。

進入攝影SOHO之門 備忘錄

第三節　為攝影棚找窩

自由工作者有很多是住家和工作區域緊密結合，但普遍不適用於攝影工作者，由於攝影棚需要一定的寬度和高度，一般的住家並不合適，攝影棚的尋覓不可不慎，在成立工作室的前兩個月就應該敲定適當的地點。以下提供幾個經驗法則供你參考：

接收別人的攝影棚

這是一個最簡便的方式，有意頂讓者可能基於營運不善或其他種種因素而決定換人經營，由於行業屬性相近，只要地點不太偏僻，在空間需求上應該滿相符的，接收別人攝影棚的好處是可以替你省去不少麻煩，不過最好詳細詢問頂讓者的遷離原因，他做不下去的原因，也可能是你將來要面對的難題。

格局大小很重要

經驗老道的人會從老房子下手，原因是老房子的空間比較寬廣，格局比較大，幾乎一搬進去就可以使用，不需要租來以後再打通，省去和房東溝通以及重新裝潢的麻煩。如果迫不得已要更動房子內部結構，一定要在租屋契約中清楚明訂，租約到期後房子是否要恢復原狀，確保自己的權利義務。

交通的考慮

承攬業務方便與否是交通的首要考量，最好是方便自己也方便他人，如廣告公司、沖印店等距離攝影業務的上下游相近的地點；為兼顧來訪客户的需求，租屋附近最好有理想的停車位。

〈各種攝影類型的工作區域選擇與規劃，請翻閱前面第四章〉

進入攝影SOHO之門 備忘錄

第四節 和企業打交道

「吃碗內，看碗外」更能為你創造無限商機。攝影自由工作者除了單打獨鬥外，還可以主動和企業打交道，爭取每一個企業外包的機會，為企業效力不僅有錢可賺，還可累積經驗，為日後接案增添耀眼的成績單。

和企業打交道最簡單的方式，就是在離職前夕，和雇主充分溝通，你自立門戶之後並不是要和原有的公司打擂台，反之，是原先公司所擴充出來的支幹，由於你熟悉公司內部的相關作業流程，只要公司有需要，你一定全力以赴做到最好，將原本的老闆變成你的第一個合作夥伴。

再來就是密切注意企業發包的各種機會，以攝影工作者而言，企業界的需求也所在多有。接下來，我們將於下一頁為你整理一份攝影SOHO可以主動爭取的案源管道。

業主	外包途徑
報社	自行外求、登報告之
出版社	內部推薦、配合過的對象
雜誌社	在自己刊物上徵求
電視台	內部人員推薦、透過傳播公司
廣告公司	內部人員推薦、向同行打聽
設計公司	內部人員推薦、登門拜訪
婚紗公司	同行打聽、口碑不錯的攝影師
室內設計公司	有名氣或合作過的對象
房地產公司	媒體廣告
大飯店	經人介紹、登門拜訪
汽車公司	有名氣或合作過的對象
喜餅廠商	透過廣告公司、經人介紹
壽險公司	經人介紹

傳銷公司	經人介紹、人力資源公司
藥局	透過介紹
大賣場	透過合適人員介紹
建設公司	固定配合，外人難以打進
旅行社	經人介紹

雖然企業與外包單位的配合需要長時間的經營才能培養出良好的默契，但是你一旦成功的進駐這個市場，以後的合作就會源源不絕。由於許多企業外包多是臨時性，並非常態性需求，多半經由內部人員的推薦才得以搭起合作的橋樑，所以人脈的經營是最大的資產，平時最好多認識相關領域的上班族，才有可能捷足先登。

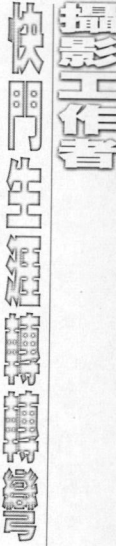

第五節 行政工作是基礎

許多專業攝影師由於不拘小節的個性，常常被行政問題所打敗，為了彌補這項缺憾，這一節的重點放在製定表格、發票問題、報稅技巧、檔案整理及電腦的汰舊換新上，只要掌握個中訣竅，你也可以輕鬆面對各種行政問題。

一、製定表格

攝影工作者一般很少與人訂定合約，多半採口頭交易的方式，很少留下證據，許多自由攝影工作者都有被莫名倒帳的經驗，總覺得跟別人簽合約有點怪怪的，好像不信任別人，其實不妨轉個彎想想，這是保障自己也保障客户權益的方式。

目前唯一執行比較徹底的大概就是婚紗攝影，婚紗公司與新人接洽時，多半會附上合約手冊，內容明定：何時拍照、何時交件、訂婚禮服幾套、結婚禮服幾套、化妝包括與否，以及贈品內容、繳款分幾次、用什麼方式付費等等，其後續的服務只要依據表格上的內容執行即可。

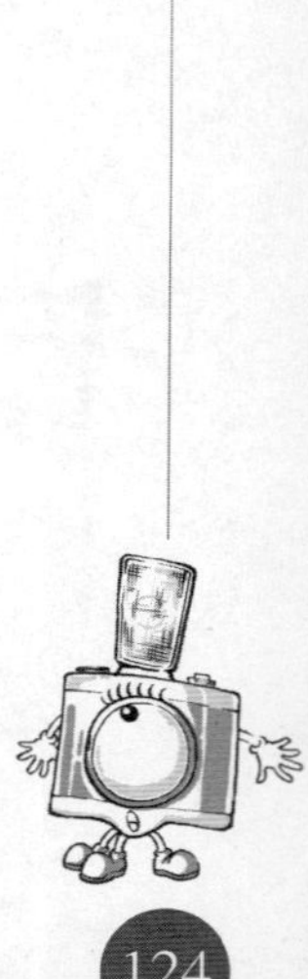

◎參考表格舉例說明：

雜誌攝影拍攝工作確認單

服務內容	○○雜誌1月號封面人物	雙方確認欄
拍照日期	12月5日	
A、交件日期	12月8日	
B、圖片處理方式	人物去背處理	
C、付款標準	一單元五千元	
D、付款方式	一個月期票	
E、但書		

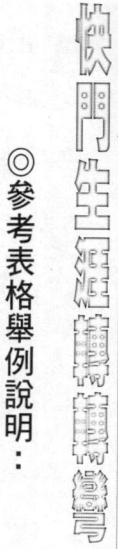

台北時裝攝影協進會＿＿＿＿＿＿＿＿工作確認單

客戶名稱＿＿＿＿＿＿＿＿＿＿＿＿＿＿＿＿＿＿＿＿

傳真日期＿＿年＿＿月＿＿日 工作時間 ＿＿年＿＿月＿＿日

客戶聯絡人＿＿＿＿＿＿＿攝影師＿＿＿＿＿＿＿

工作費用　全日＿＿＿＿　半日＿＿＿＿　超時＿＿＿＿時

工作內容　□目錄　□相片　□廣告　□唱片

其他＿＿＿＿＿＿＿＿＿＿＿＿＿＿＿＿＿＿＿＿＿＿

確認事項

（A）工作時數之認定

女裝／一日：9小時　半日：5小時

（如需模特兒自行化妝，時間參照童裝）

童裝／一日：8小時　半日：4小時

※工作時數均含化妝造型、用餐及內景前置作業外景交通時間

（B）超時之計算方式

二十分鐘以半小時計

四十分鐘以一小時計

四小時以半日計

七小時以一日計

（C）交通時間

台中以北——以通告時間起算，客户如需攝影師自備交通工具，請支付過路費。

台中以南——客户需負責來回交通及食宿等費用，並支付攝影師三千元以上之長途外景費。

（D）取消通告

客户因故取消通告，需於原預定通告日起算七日前取消。（例：七月七日之通告，須於七月一日前取消）若非天災等不可抗拒之因素，客户取消通告需支付攝影師取消費，計算方式如下：

七日內取消，收取攝影費之15％

三日內取消，收取攝影費之30％

前一日或當日取消，收取攝影費之50％

※通告當日若天候不佳而客户仍堅持出外景，已達集合地點才取消者，需支付取消費用五千元。

（E）攝影底片材料費

因攝影材料價格之調整，及攝影師使用軟片種類和後處理之工作程序不同，其異動之新價如下：

120正片：180／卷～500／卷元不等

（含沖片、底片）

135正片：320／卷～700／卷元不等

（含沖片、底片）

135負片：350／卷～500／卷元不等

（含沖片、底片3"×5"照片各一）

黑白負片：400／卷～600／卷元不等

（含沖片、底片，印樣一張）

拍立得：每拉一張50～200元

如因客户需要，特殊效果需合成，則電腦修片等另行議價。

（F）特殊狀況

出外景因天候或場景等因素，需攝影師備用燈具，則酌收$＿＿＿元以上費用，而因應廠商之需求，同時拍攝二種以上之底片者，酌收三千元以上費用

（例如正負片同時交替拍攝）

（G）付款方式

攝影費及材料費原則上請支付現金票，如為期票請勿超過一個月，逾期加收利息費用。

（H）如有特殊作業方式，則另行議價

此作業章程僅供台灣地區使用，

出國及國外工作另議，事關您的權益，請務必詳細閱讀後，確認簽名。

(一)使用權及確認事項

此次拍攝使用權僅限貴公司使用一年之期限。

此確認單收到後請於三日內傳回，以方便確認貴公司所訂之通告。

(特別感謝服裝攝影SOHO許熙正提供以上表格)

二、檔案管理要徹底

攝影工作者的文件、檔案相當多，如參考書籍、客户資料、收據、發票、自己的作品、底片資料等等，有時候一忙起來連覺都沒得睡，更別説花時間在找尋資料上，以下提供幾個檔案管理的方式。

在參考書籍部分，可依種類做區分，選用英文字母或其他數字做代碼，用完即歸位，就不愁日後找不到。在作品部分，不妨依時間的先後做排列，用資料套保護作品，並在封面及封冊編列代碼，方便尋找。收據及發票選用不同的資料匣存放，以示區隔。

三、發票問題要注意

即然選擇自己當家作主，就必須有凡事自己來的打算。首先，你會遇到合作的客户向你索取發票的問題，當然你也可以選擇找人借開發票，但這畢竟不是長久之計，如果你打算永續經營自己的事業，儘速委託會計師向市政府建設局或縣市政府工商課，幫你申請事業登記，並且一併申請三聯式發票，以個人工作室名義申請的，資本額只要五萬元即可，而且會計師的代辦費也不高。

工作室雖然可以開發票，但是卻不能有大規模的營運動作，如果你企圖在日後闖出更大的一片天空，不妨考慮以公司的型態來經營，成立公司的資本額約在五十萬至一百萬之間，程序和法規頗為繁瑣，這個部分當然也是委託會計師替你全權打理！

四、報稅的技巧

花點錢請會計師，會替你省下不少事，會計師的支出約每個月二、三千元不等，通常一年給十三個月。會計師除了每個月幫你記帳外還要負責幫你報稅，請他幫你評估，選擇最適合自己的報稅方式，可以為荷包省去一些費用。

工作室通常每兩個月就要報稅一

次，包括開發票百分之五的營業稅等，會計年度結束時，年終報稅，進項和出項的發票都要累計；租屋支出也是要注意的一環，租屋簽約前也得先跟房東講好，有的房東怕增加自己的收入要求你少報租屋支出，如果沒有做好完善的規劃，一個不小心，報稅支出嚴重起來也會多出七、八萬。

五、電腦的汰舊換新

隨著時代的進步，電腦的普及已經擴展到各個領域，你可以上網找尋相關資料，或做個網站廣告推銷自己。如果本身會使用一些軟體，將為你帶來更多的資源，比方說圖片電修的部份，目前有專人在處理這方面的問題，但是如果在設計上會使用photoshop，便能直接幫客戶做些合成的部分，而不必外送，實際上有的資淺公司已經準備攻佔這個領域，除了可以增加市場的競爭力，也能成功的留住客人。個人工作室開久了很容易流於自我滿足，最忌諱的就是閉門造車，不再進修。

在立體攝影部分，許多部分也都跟電腦做結合，可以做一些特殊效果，比方說字幕、剪接都可直接在電腦內處理。

第七章

打造希望版圖

「吃人頭路」，需要生涯規劃，自己當老闆，該怎樣規劃每一個人生的腳步？隨著狀況不同，你該如何自處？你有沒有想到未來在哪裡？人類因夢想而偉大，只要規劃得宜，我相信大家的未來不是夢。

這是個多元化的社會，也是充滿機會與選擇的時代，選擇做SOHO族的你，已經比別人多一份自信與抗壓性，但是如何能在社會變遷中，平衡自我生存的空間，則必須適度的做好生涯規劃，以掌握人生方向。

當你工作一陣子後就會面臨轉型的問題，個人工作室的路一定要寬廣，就如同一個賣麵的小販除了賣主食之外，也會搭配一些滷蛋等小菜來賣。長期以後，改採公司的型態來經營，或發展周邊的服務，爭取異業結合都是可以考慮的方式。同時，你的人生也會漸漸步入每個不同的階段，攝影不是生活的全部，也不再是你一個人的事，娶妻、生子、買房子等等，人生有很多應負的責任與義務。

生涯規劃常因個人理想的不同而有差異，有的人可能較重視事業的發展，有的人則執著於專業技巧的進步，不論你著重在那個範圍，都要預先設想一個藍圖，做好事業規劃，邊做事邊修正，以下的表格提供諸位準攝影SOHO族做個參考，由於每個人的狀況不同，在時間欄的部分，讀者可依自我檢視欄中單一目標的達成率，預估可能執行的時間階段，替自己定出一個期限。

《攝影工作者短、中、長期事業規劃》

階段	時間	目標	自我檢視欄
菜鳥期		1.小而美，小而好 2.不要負債 3.增加業務量 4.建立口碑	
成長期		1.擴充規模 2.異業結合 3.開個人攝影展 4.專業上的再進修	
高飛期		1.轉型 2.出書 3.名利雙收 4.隨心所欲	

第一節 菜鳥期的葵花寶典

小而美、小而好

成立工作室首重打出自己的品牌，並且加入個人的創作理念，比方說立體攝影周明恩一直想導正新人注重影像的觀念，不要把錄影附屬於婚紗業之內，而是創造自己的品牌，這樣才會督促自己進步，在每件作品完成前，便努力去構思、修正，將基本功夫練得更紮實。

「麻雀雖小，五臟俱全」最能說明你目前的狀況。雖然你沒有大公司的知名度與財力，但是可喜的是你也沒有大公司所面臨的傳統包袱。根據許多過來人的經驗，這個時期除了工作上有所斬獲，在個人成長部分也會如同搭直昇機一般快速，「校長兼工友」的你抗壓性會隨著工作時間的投入而呈等比級數增長，在工作過程中所獲得的不只是實質上的報酬，還包括應變能力、判斷力與耐力的提昇。

年輕熱情是你的最佳優勢，求好心切也是最受企業主歡迎的特質，善用這個特色，一步一腳印的耕耘，便能享受到豐收的果實。

不要負債

維持最基本的生活花費也是短期事業規劃中的一大指標，收支能夠尋求平衡，起碼要讓家人維持基本以上的生活。在這個階段千萬不要過於急躁，做你最有把握的事，拍攝商品起家的林瑞合表示他當初剛成立婚紗工作室時，還接拍商業廣告，以了解市場的主流，並且抓住獨特的東西，對於自己打算主攻的項目，林瑞合建議，拍照火候縱然不能掌握到十分，但是也要練到九成五的把握，每個階段漸次去達成。

做好妥善的財務規劃，也是這個階段的兵法準則，保持開源節流的理財觀，多賺一分、少花一分，與家人同心協力度過創業黑暗期。在這個時期，你很可能忙於事業上的衝刺而忽略了家人的需求，閒暇之餘一定要記得多花一些心思在他們身上。

擴充業務量

業務量的不足是每個SOHO族最感頭痛的一點，短期之內當然是葷素不忌，有案就接，不在乎CASE的大小、進帳的多寡。即便如此，你還是可能會發生接不到案或遇到一些令人難堪沮喪的情形，此時，千萬不要輕易被擊倒，這是業務成長必經的過程，記住！不論是運動場上的捉對廝殺或企業上的競爭，優秀的心理素質都是成事的必備要素。

經過時間的累積，由於你的服務品質與親切的態度，你一定會擁有一些死忠的客戶，廣結善緣、與人為善是這個階段最重要的任務。不過在擴充業務量之時也要切記，不要因為量多而忽略了品質，如果因此把作品水準降低，則是得不償失的一件事。

上網或做雜誌廣告都是你可以選擇的推銷方式，但是如果遇上整體大環境不佳，經濟不景氣時，不見得要不停地開發客戶，鞏固舊有的客戶也是一大重點。

建立口碑

作品的專業度及做事的信用度能夠迅速替你建立起良好的口碑，以一人為主的工作室由於沒有強勢的宣傳，口碑就是打入人心的最佳利器。客戶是自由工作者的衣食父母，他願意來找你，代表著對你的信任與品質的要求，把品質做出來及準時交件，是最基本的態度。

《菜鳥期的武功秘笈》

菜鳥期	目標
小而美小而好	打出個人品牌
不要負債	收支平衡、做好財務規劃
增加業務量	廣結善緣、以服務取勝
建立口碑	專業、信用、準時交件不馬虎

第二節 成長期的葵花寶典

擴充規模

經過了菜鳥期的深耕階段，這個時期你累積了一些人脈與資金，你會想要擴充自己的事業版圖，你可以考慮由個人工作室轉型為公司的規模來經營，如果資金充裕則採獨資的方式來經營，如果資金有限，則可以找人合夥，當然要慎選合作夥伴。

進入這個時期，你可以接一些比較大的案子來做，賺取更多的利潤，當然你需要聘請一些幫手來替你分擔業務，同時試著發展周邊服務，增加服務內容，以結婚錄影來說，可以為客人代辦喜帖，也許利潤不豐，純屬服務性質，但是卻能讓人感覺賓至如歸，可以創造出更好的口碑。

這個階段也是人生的重要時期，你可能買了房子開始負擔房貸，小孩可能相繼出生，經濟負擔漸漸加重，此時就必須要求收入的增加，而且必須去思考自己能夠再拍幾年，可以拍到幾歲，也許你打算拍到四十五歲就不拍了，人生後半段的路該如何規劃，因為這一行可不比公家機關能夠領到退休金，你的目光要先往後瞄準二十年。

異業結合

爭取異業結合是現今工商社會發展出來的一種新的合作方式，將觸角擴充到上下游全部的業務範圍，以提供客戶更多的服務，除了可以掌控東西品質，一貫性的流程更能將創作理念做完整的表達。如果是商品攝影你可以選擇跟固定的設計公司或廣告公司一起配合，由於合作長久，彼此的熟悉度與信任度都夠，理當能擦撞出更耀眼的火花。

如果你本身有朋友在做設計，也是個SOHO族，更可以採取兩人一組的合作模式，兩人共用一間辦公室，採取業務獨立、財務獨立，可以連設計案、印刷的部分全都包下來，各司其職，共享利潤，打群體戰絕對比你單打獨鬥來得更有把握。

同樣的，婚紗攝影可以選擇跟喜餅業、餐廳、飯店、旅遊業等異業結盟，增加多元化的服務，例如有的業者更進軍百貨公司，與業者共同舉辦大型的新婚導覽，除了婚紗攝影，還包括喜餅諮詢、護膚美容諮詢、珠寶配件介紹、禮車諮詢等，為各個不同的行業創造雙贏的局面。

開個人攝影展

開個人攝影展是許多玩相機人的心願，「隨時在創新，並且嘗試各種主題拍攝」，是林瑞合給予年輕朋友的意見，林瑞合曾於一九九一年在美國文化中心舉行個展，他時常和業界的朋友、同學互相切磋，因為除了拍客户的作品外，私底下他都在拍個人創作的東西，隨時隨地都在為下一個展覽做準備，因此手上都有一個固定的主題在拍，如樹木，他可以拍一系列樹的感覺。

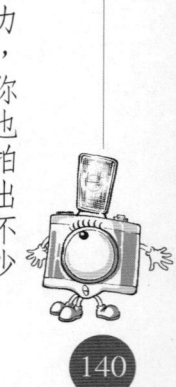

開個人攝影展，可以提昇個人的知名度，也能找到認同自己作品的知音，而經過多年努力，你也拍出不少叫好又叫座的東西，你可以考慮結集成書，找一家優良的出版社出版個人的攝影集，為多年的心血留下見證。

專業上的再進修

此時的你在事業上已經擁有名聲，也累積了不少的客户來源，但是面對新人倍出，自己的攝影技巧也彷彿停滯在某個階段，而且拍了這許多年，可能會有種被掏空的感覺，適時的補充專業技巧，讓自己一直保持在創意的第一線，就要藉助不斷的進修。進修可分好幾種，國內的相關研究所、國外的短期課程或是自行進修等。

如果準備報考國內的研究所，可能就沒有那麼多的時間能夠兼顧工作，找一個信得過的夥伴代勞是一個最理想的方式，如果在時間上無法取捨，上一些各大專院校短期的相關課程則是比較省時間的做法；若是準備到國外唸書，除了加強外語能力，在工作上完全無法兼顧，就要仔細評估再做決定。一般而言，自我進修是最能掌控工作的需求，但是人都有惰性，再加上工作一忙可能會替自己找出不少藉口，如何自我督促則是一件刻不容緩的事。

《成長期的武功秘笈》

成長期	目標
擴充規模	由工作室型態轉為公司型態
異業結合	爭取上下游業務一手包辦
開個人攝影展	為自己留下紀錄
專業上的再進修	國內外課程或自修

第三節 高飛期的葵花寶典

轉型

這個時期，你的體力已經不如年輕時候旺盛，如果再扛著一部笨重的機器出去拍照實在是太辛苦了，此時腦中可能思索著如何不放棄舊有的基礎，並且培養專屬的攝影師替你拍照，你可以轉型為企劃、統籌、製作等相關行業。

如果你原先是婚紗工作室，長期之後可以擴充為有門市、禮服、攝影棚的大規模營運方式，先培養棚內專屬的攝影師，每對新人不需要自已親自下去拍，可以交給新血去做，你可以由原先工作者的角色轉為經營者的角色，多去爭取業務，或開分店，或開闢周邊產品，將事業體系逐步擴大。

到美國發展是婚紗攝影林瑞合的長期規劃，這個理想已於一九九八年下旬達成，林瑞合表示到美國之後，以現階段累積下來的口碑和專業養成能力，先以婚紗拍攝為主，同時嘗試商業攝影及廣告的拍攝，試探一下美國市場的口味再做逐步修正。

出書（經驗傳承）

闖盪江湖大半輩子，面對年輕後進爭先恐後的進入這個圈子，你彷彿從他們身上看到自己當年的影子，你非常不希望他們像你當初一樣，懵懵懂懂的撞個頭破血流，同時經過多年的實地征戰，你也開創出屬於自己獨特的攝影品牌，你很期待把自己長久以來的經驗做個傳承，出書就是個不錯的方式。

書的內容可以採取文字和圖片結合的方式，這樣一來，既可以讓大眾了解你這個人，也能讓讀者了解你的作品，接下來便是尋找適合的出版社，將自己多年的經驗做個完整的介紹，贏得出版社的認同，你可以自己執筆寫作，或是請出版社介紹適合人選，以口述的方式來完成這本書。

名利雙收

開過攝影展，出過書的你，此時終於享受到豐收的果實，你可能會成為媒體的寵兒，或成為大專院校爭相聘請的老師，也許你會擁有自己專屬的廣播時段帶領聽眾進入攝影這個美麗的殿堂，或是在空中和有興趣的年輕朋友做個交流。

你不僅聲名大噪，財富也會相伴

而來。在知識與專門技術上，都到達爐火純青的地步，此時的你是所有攝影SOHO族羨慕的對象。

隨心所欲

這不僅是攝影SOHO的最終目標，也是人生的最高境界。這個時期，你不需要為生活溫飽而煩惱，也不再需要為業務量而煩憂，整個公司的業務在轉型時期已經完全步上軌道，公司內部也有適當的人選為你打理一切，你只要偶爾到公司晃一晃，負責處理一些決策性的問題就好。

腦中總是蘊釀一些稀奇古怪的想法，如果賺錢能賺到某個程度，以後就靠這些利息錢吃飯，然後就雲遊四海去了。

這個時期，你已經可以高唱那美好的一戰我已打過。

《高飛期的武功秘笈》

高飛期	目標
轉型	相關行業企劃、統籌等職務
出書	將個人經驗分享給後起之秀
名利雙收	成為媒體寵兒或大專院校爭相聘請的名師
隨心所欲	雲遊四海

進入攝影SOHO之門

備忘錄

第八章

把吃苦當做吃補

恭禧你，上完考前補習班，歡迎你準備踏上攝影自由工作的旅程，但是在此之前，給你一張平安符，讓你能長得更高更壯——

小葛成立工作室已經一年半了，剛開始時由於還承接原先公司的案源，所以並不像其他初出茅蘆的攝影師有業務上接單不良的煩惱，除了在收入有所斬獲外，也為自己賺到了不少額外的休閒空檔，可以去從事一些他一直想做的事，他非常慶幸當初所下的決定，也認為日子就會這麼幸福快樂地過下去。但是好景不常，半年之後，原有的公司培養了自己專屬的攝影師，不再發包給小葛，太過倚賴原先公司的小葛，在收入上開始捉襟見肘，心情也無端的浮躁了起來，什麼事都變得很不順——

家人的反對聲浪、初期收入的青黃不接、無端被人倒帳及飽受負面情緒的困擾等等，都是身為SOHO族的你可能遭遇的挫折，你常常覺得遍體鱗傷鮮血直流，卻感到無人可訴，你時常感慨老闆真不是人做的，這是一場專業與智慧的大考驗。在遇到挫折時，如何看待與面對，如何化阻力為助力，是一門SOHO族必修的學分。

下面這個單元，筆者為你整理了幾項SOHO族最常遭遇的情況，並且提出相關對策，期待對你的SOHO生涯有所助益。

第一節 理想與現實之間的落差

攝影作品的好壞多半是見仁見智，每個人的作品一定充滿了他人無法取代的風格，有時候你的創意與意念雖然很棒，但並不符合客户心中所想要的畫面，做SOHO族固然有自己的理想在其中，但攝影作品畢竟是商品，不能僅有藝術概念，也該考慮到群眾的接受度，因此攝影師取景的角度不能過於堅持自我，否則再好的作品如果無法得到客户的認可與賞識，都是枉然，因此創作一定要兼具市場的考量，如同理想必須與現實世界尋求平衡點。

比方說雜誌攝影賴光煜曾碰過這樣的狀況，有時候自己竭盡心思所拍的東西並不能贏得雜誌編輯的認可，原來是每本雜誌都有它自己的屬性，雜誌社不希望因為攝影師的個人風格而破壞原有的調性，經過幾次溝通之後他採取「不同角度」各拍一張的中庸作法，最後交由美編裁決，雖不能盡如人意，但至少對得起自己的良心。

《叮嚀小百科》

1. 不要太過堅持己見，設法尋求中庸之道。
2. 加強與客户的溝通。
3. 加強自我心理調適，作品本身沒有對錯，只有適不適合。

家人的反對聲浪

雖然你很清楚知道自己要的是什麼，但是與你休戚與共的家人卻可能直覺的認為你不務正業，成天在家好吃懶做當米蟲，尤其對一個有家庭負擔的人，辭去工作之後，如何能讓家庭衣食無缺，過著水準以上的生活，更是職責所在。大多數的妻子可能會對先生辭去固定工作，在情緒上有所反彈，尤其若妻子本身沒有固定的收入，便得獨力承擔很大的風險。

試著與你的家人說明，你並不是賦閒在家沒事可做，而是在追求一個更理想的生活。以淺顯易懂的話語解釋自己的工作型態、內容、工作時間，以及未來可能合作的客户來源、酬勞的計算方式等等，運用理性的溝通，贏得家人支持與協助，才能使你的生活更順心。

《叮嚀小百科》

1. 事緩則圓；溝通要循序漸進，多聽聽家人所擔憂的部分，並且提出具體的想法。
2. 每做出一個讓你滿意的成果，不要忘了和家人分享你的喜悅與驕傲。
3. 當工作進度按照計劃順利進行，可以安排適當的假期，享受休閒之樂。

收入青黃不接的窘境

通常在創業的初期，尤其在知名度尚未打開，客源不穩時，比較容易陷入這方面的困境，此時可以考慮增加工作時間和份量，並且懂得放下身段主動出擊，才能廣結善緣，短期之間如果還是不能解決現有困境，便得請家人多包涵，並協助你度過難關。

懂得開源節流。在開源上，多爭取相關工作來源，如果迫不得已可以先兼差維持基本生活所需，但是在兼差的種類，要選擇低時段、高價碼的工作，一周頂多利用二、三天去做，切不可本末倒置；節流方面，減少不必要的支出，請家人與你共體時艱。

《叮嚀小百科》

1. 成立工作室後，除了開發業務外，也要學習預算的分配，控制成本支出，並且妥善規劃工作進度，才不至於捉襟見肘。

2. 平時應該和銀行、親朋好友保持良好信用關係，才能及時地幫你度過難關。

3. 「把吃苦當吃補」，省省的用，勒緊肚皮過日子。

進入攝影SOHO之門

備忘錄

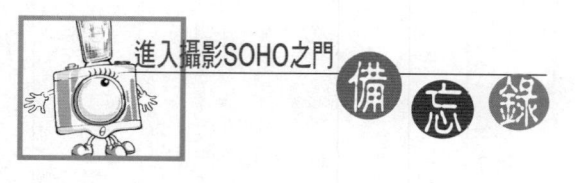

第二節 負面情緒的困擾

「創業為艱，守成不易」，當家做主的你，雖然聽來豪情萬丈，有時卻不免覺得悲壯蒼涼，尤其遇到業務推廣不易、創作遇上瓶頸、家人不諒解又被人無端賴帳時，更加覺得孤立無援，此時你心裡可能會開始猶豫，到底要不要重回企業的羽翼。

堅持才能成功！擺脫負面情緒困擾的最好的方法，就是讓自己全身每個細胞都動起來，上上下下地打理一切，有計劃有目標地完成階段性任務，當每個點、每條線漸漸串連起來時，你便可以享受全面的喜悅。

《叮嚀小百科》

1. 隨時隨地為自己打氣，運用心理建設，告訴自己「我是最棒的」。
2. 一星期運動兩次，而且是有氧的，根據科學研究發現，運動時腦中的荷爾蒙會產生變化，製造出某些化學物質，得以治療憂鬱、紓解壓力、提高自信。
3. 按照計劃行事。
4. 多看一些名人的勵志小品，激發鬥志。

注意倒帳風險

「被倒帳」是每個做生意的人都會遇到的風險，廣告攝影李達民曾經接過一個皮件案子，拍的過程沒有問題，拍出來之後有一、兩支皮件偏色，這可能是拍的時候出問題，也可能是沖片那邊的問題，經過修正補強之後，交件時經客户認可同意後請李達民送發票，並要李達民加洗幾份供他們使用，但是過了一個月去請款時，卻發現負責人離職了，接手的承辦人態度強硬、語氣百般刁難，説東西有問題不能用，擺明了不肯付錢。因此這件事最後變成了「無頭公案」。

經過這次教訓後，李達民表示，以後對於不曾合作過的陌生客户，打算設計一個表格，交件時讓客户簽收，白紙黑字都有明確紀錄，來避免這種情形發生。對大公司來説四、五萬的損失可能只是九牛一毛，但對小公司來講，被倒了幾次帳絕對壓得你喘不過氣來。

《叮嚀小百科》

1. 如果是不曾合作過的客户，多加觀察對方的言行舉止，説話時是否眼神閃爍，相信你的第六感，如果覺得有點怪怪的，不妨先打住，不要貿然而行。

2. 慎選合作的廠商，在雙方決定合作之前，可以事先在業界打聽一下對方的信用狀況。

3. 訂定工作契約，白紙黑字寫清楚，對雙方的權益都有保障。

認證功夫不可缺

有的客户對於自己想拍的東西並沒有明確的概念，言詞之間也無法表達清楚，為了避免客户事後賴帳的最好方法，就是在拍攝之前，先做好認證的工夫。許多攝影師會先用拍立得讓客户看過之後，再展開正式的拍片，經過這一道手續之後，通常不會有客户賴帳，頂多是客户日後想改拍其他方式。這時就看交情，如果重拍就酌收費用。有的美編事前會草擬設計樣本，這種合作方式，就比較不會出問題，只要照著他的樣本去執行即可。

如果是跟廣告公司合作，重拍就變得很正常，當片子完成，經過該公司的會議之後可能產生不同的結論，也許設計人員同意，但是上面層級可能還有意見，最後也只好重拍，當然你必須尊重客户的決定。

《叮嚀小百科》

1. 用拍立得確定客戶的構思，並且記錄下來。
2. 若客戶事後反悔，則酌收費用。
3. 依據美編的樣本執行，比較不容易出錯。

進入攝影SOHO之門

備忘錄

第三節 削價競爭的威脅

有時同業之間會運用削價來競爭，這對個人工作室是一大衝擊，因為這些公司可能是三、四組人馬一起運作，一張照片你拍八百，他四百就可以辦到；外拍你拍一萬五，他可以八千就接，面對這種惡質競爭，就對方老闆而言，只要這幾組人不閒著就賺到了，但當個體户面對這種公司時通常無法招架，況且有些客户根本不在乎品質，只要求「俗擱大碗」，面對此種情境，你會深深地感到無力感。

遇到客户無情的削價時，有時你也肩負教育客户的使命，因為既然市場定出這個價錢就有一定道理存在，當然為了留住客户，只要符合成本考量，稍作調整無傷大雅，可以在合理的範圍內堅持自己的價碼，並且以高品質的服務來爭取客户認同，反之，如果你老被客户牽著鼻子走，專業的權威就無法建立。

《叮嚀小百科》

1. 多向同業打聽目前的市場行情。
2. 雙方開誠佈公的講明價錢。
3. 在合理範圍內，堅持自己的價碼。

做好時間管理

這是SOHO族頗為頭痛的一件事，你可能根本沒有時間做時間管理，畢竟一個人要面對的事情其實滿多的，有時想到這個又漏了那個，有時客户又把你當成救火員，要求你在短時間內趕東西給他，可能也打壞了原先的工作流程。一個成功的SOHO族，不僅要在個人的專業上讓人信服，生活管理也得多下功夫，才能保持高度的競爭力。

根據過來人的意見，不健忘的最好方法是東西一拍回來就馬上動手處理，不要累積太多，有空時趕快整理出來。或是攝影棚拍好一個作品之後就馬上整理。除此之外，還要把家人的需求也算進去，立體攝影周明恩常是下午先去接小孩放學，等安頓好了之後，再回到公司忙，能同時兼顧工作與家庭兩方面，才會忙得更有意義。

《叮嚀小百科》

1. 善用時間管理手冊：詳細列出每日、每周、每月的計劃與進度，讓自己一目瞭然，並在備忘欄中列出約會及待辦事項以提醒自己，不過，最重要的是每日記得固定察看檢視，才不會事後懊惱。

2.善用電話秘書：時下流行的呼叫器，有些具有提醒功能，如果你擔心自己忘性極大，可以事先告知需要提醒的時間，如每月幾號要向客户請款等事項，借助外力也能幫你省下不少事。

3.立即處理，不無故拖延進度。

克服創作瓶頸

每個行業到了一個階段都會碰上瓶頸，攝影SOHO族也不例外，拍到最後可能有錢賺，可是自己卻感覺厭倦與痛苦，「怎麼讓自己活下去，並且活得很新鮮」是攝影SOHO族要去克服的心理障礙，許熙正以過來人的經驗表示，不斷地碰到瓶頸然後把它推翻掉，尋找新靈感，再隔一段時間遇上瓶頸時再推翻它重新出發。

給自己一、兩年時間累積，感覺自己的拍照方式，如果持續太久同一模式，儘量慢慢嘗試新的東西，當你去嘗試之後可能會觸類旁通，一樣的技巧可以加入不同東西，許熙正認為「這是一種痛苦卻也是一種快樂」。

《叮嚀小百科》

1.推翻自己過去的想法，並且樂於重新嘗試。

2. 逆向思考，轉化心境，用愉快的心情來看待。
3. 大量的充實相關知識，不間斷地學習相關技能。

留意市場的供需平衡

任何一個行業都要注意到投入時機的是否恰當，林瑞合談到早期的婚紗攝影，由於市場需求多，從事這行較少，因此在業務推廣上比較容易執行，但是近年來，由於國人晚婚的趨勢儼然成形，加上不婚族的興起，結婚人口下降的幅度愈來愈嚴重，加上投入拍攝的人口增多，造成婚紗市場嚴重的供過於求現象，競爭更形激烈，你會遇上一個問題，是要繼續維持個人獨有品牌？或量產以取得生存空間？

《叮嚀小百科》

1. 配合市場需求，有些作品可以量產，但是還是要有創作的東西出現。
2. 掌握市場趨勢與潮流轉變。
3. 和同行保持密切連繫，並且交流相關資訊。

第四節　學習面對孤獨

對SOHO族來說，整天不跟人交談也是很正常的事，尤其在趕拍的時候，一個人面對攝影棚裡凌凌亂亂散落一地的東西，所有道具都得自己動手做，場地弄亂了得自己收拾，在許多的時刻裡，你都是一個人孤軍奮戰，但是對現代人而言，能耐得住寂寞也是一大學問，如何面對外界許許多多的誘惑而不動心，是SOHO族的基本修行。

此外，沒有老闆提攜，沒有同儕幫助，不能接收公司資源，遇到壓力時得獨自承擔，因此，學習獨立思考，保持高昂鬥志，都是刻不容緩的事。如果你還是不習慣面對孤獨，以下提出幾種方法，讓你和外界保持接觸，你可以試試看，也許會有不同的收穫。

《叮嚀小百科》

1. 善加使用電話、傳真及網際網路等配備，你可以立即擁抱人群。
2. 多參加相關領域的演講、研習會，讓自己可以接觸到最新的資訊，加入同業組織，了解同業最新動態，也讓大家多認識你。

3. 舉辦固定聚會，邀集三、五個志趣相投、工作內容相近的SOHO族，定期聚餐，互相交流。

網際網路的流行與普及化，可說是本世紀末最大的風潮，它縮短人與人的距離，更可使交友範圍無遠弗屆地拓展到世界各地，許許多多的社團利用網路、BBS站進行資訊的溝通與交流，並且提供網友發表研究心得的園地，多加參與這樣的活動，或是只要每日固定抽出一點時間上網，便能讓你對這些團體更有歸屬感，甚至可以擦撞出不同的智慧火花。

作息不正常

具有連熬三天三夜的本領，彷彿是SOHO族必備的體力。尤其是商品攝影，在工作時間上真的是「沒暝沒日」，比方說拍飯店，由於要避開日常的營業時間，可能半夜一點才開始工作，有時候案子急了，更是不分日夜，到處拍照。

睡眠普遍不正常是大家的共通點，空間攝影張修政最高紀錄是39小時不睡覺，非得把當時的那個景完成不可，他表示當時吃在公司，睡在公司，外面是晴天、雨天都不知道，等到工作完成吃了點心準備回去補眠時，發覺其他的上班族正吃完早點準備去上班，但這就是工作。

《叮嚀小百科》

1. 養成隨時隨地可睡的好習慣。
2. 和他人分工合作，減輕自己的負擔。
3. 儘量和客户敲個正常時間拍照。

進入攝影SOHO之門

備忘錄

第九章

如何保持**最佳**狀態

「當上老闆後，得學著當老闆」，創業雖維艱，守成亦不易，學習領導統御、自我調適，以永保最佳狀態。

小張成立工作室已經兩年了，剛開始時曾經渡過一段青黃不接的經濟低潮期，也曾經為了發票和稅務問題搞得焦頭爛額，幸好透過同行的介紹，他找到了一位專業的會計師幫他處理這些事務，由於小張的努力不懈，人脈漸漸累積，業務蒸蒸日上，現在一個人已經忙不過來，前一陣子他請了一個助理來協助他，把他當成事業上的夥伴，打算把畢生絕活全數傳授，但是助理弟弟居然只待了三個月就嫌工作太辛苦而火速離職，讓小張感慨現在的新新人類不能吃苦，他也發現老闆並不是那麼好當——

成立個人工作室，自己當家作主，通過了創業的門檻，接下來便是守成的問題，「創業為艱，守成不易」雖是一句古老的諺語，卻道盡了箇中的玄機，如何將事業永續經營，讓自己的心血不要付諸東流，並且在市場上永遠保持競爭力是一個SOHO族生活奮鬥的目標，以下我們就分項來探討這個問題。

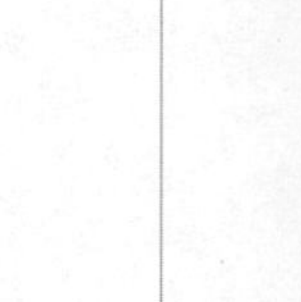

第一節 二人一組恰恰好

廣告攝影李達民建議，雖然是個人工作室，但是可以採用二人一組的方式來經營，二人共同登記一家公司，共同分攤行政費用，業務不重疊，但是財務獨立，兩人共同請一個行政助理，幫忙處理瑣事，如果在事業上遇到困難，還可以互相切磋。

如果兩個一組就可以租大一點的攝影棚，平時各接各的案子，拍小東西時可以分成兩個棚，需要大的空間時，可以互相商量將兩個棚合併，隨時做協調。雜誌攝影賴光煜目前就是採取和好友合租攝影棚的方式，一來節省支出，二來可以共享資源。

無獨有偶，工商攝影張修政在創業之際便找來以前在攝影棚的師兄弟，一起開了「弓長爾東工商攝影公司」，目前他們請了兩個攝影助理，一個行政小姐，維持兩組人馬的作業方式，除了可以接比較大的案子之外，有時一個在外開發業務，一個在內負責統籌，在工作忙碌時，大家相互支援。

經濟上不要透支

有人常說，攝影工作者到最後是賺了一堆器材，自己當老闆一定要有成本控制的觀念，當然「工欲善其事，必先利其器」，但是有些不常用到的昂貴配備，其實不一定要全部擁有，除了視使用狀態來評估外，也可以考慮和同行用互借方式來處理，增添設備時千萬不要好大喜功，別一有了盈餘，就開始花錢，投資七分，保留三分是比較理想的狀態。

在工作之餘花一些時間做市調，常常評估市場需求，思考一下是否已呈飽合狀態或還能注入新血，如何進攻市場，了解自己最有把握的領域在哪裡，進退都要得宜，若選擇前進要有一個明確的方向，若選擇後退，也有個餘地可退。在經濟上，千萬不要貪心，不要一股腦兒把所有財力孤注一擲，維持一定的周轉金，才能在廠商業界間保有良好風評。

第二節 學習當老闆

有一句廣告詞是這麼說的：「我是當了爸爸以後，才學會做爸爸的」，這句話如果改了主詞就成為「我是當老闆以後，才學會做老闆的」。人生的任何階段都在不斷的學習，當老闆也不例外，你可能從來沒有當老闆的經驗，一切的遊戲規則都得自己重新摸索。

在沒有員工之前，只要公司賺錢就等於自己賺錢，請了員工之後，不但要照顧到他的食、衣、住、行、福利，還要為他規劃未來發展，才能留住人才，員工是公司的資產，做任何事不能只考慮到自己，也要顧慮員工的感受。

而且，當個自由自在的SOHO族幾乎是每個人都會有的念頭，這其中也包括你所請的員工在內，曾經從體制內走向體制外的你應當更能理解這種感受，換個心態了解員工的苦處，不要把當初企業體系那套惱人的框框帶到現在，否則你會花很多時間在找尋員工，同時也要有容忍員工犯錯的胸襟，不要老想著防別人，那只會使自己的眼光變得狹隘，以真誠待人，你會發現，學習當一個稱職老闆，可能不比你當初創業來得輕鬆哦！

維持乾淨的工作區域

市場行情有冷有熱，有時候被客户操個半死，一人當三人用，但有時候也並不是每天都有工作在進行，如果手邊沒有案子也要儘量讓自己保持活動，不要整個人像洩了氣的皮球，突然就懶散下來，攝影棚的裡裡外外都該好好維持，因為器材需要整理，底片庫存足夠與否也要注意，所以每隔一段時間就該著手整理，而且每經過幾個案子內部空間都會變得凌亂，比方說，東西位子、輔助工具等等，有些客户的資料要整理建檔，請款時間如果到了就該勤於電話連絡等等，維持一個舒爽乾淨的工作區域，不但可以提升士氣，當客户上門時，也能給他一個好印象。

利用外力督促自己

自組工作室最常發生的狀況就是作息不正常，很多人都會遇到下列的狀況，有時睡到早上十點，就會有一股聲音跑出來，「算了！中午不要吃，再睡晚一點」。當這種狀況發生時，你選擇姑息自己的意願，還是被一股巨大的責任感喚醒？

廣告攝影李達民選擇利用外力督促自己，他參加許多活動，例如紅十字會的救生員訓練，暑假時要去服勤四個星期天。晚上一、三、五參加合氣道，如果有案子就視情況來做調整，但是保持一個星期去一天。有一陣子游泳，一個月每天四點起床，從五點練到八點，由於需要早起，晚上勢必早點睡，李達民以過來人的經驗談到，常常逼自己練習就覺得氣比較旺，工作特別有勁，生意也漸漸好起來。

專業進修　捨得投資

做任何事不能只看現在，要往長遠著想，為了讓自己的觸角更廣、更敏銳，花點錢在專業的投資上絕對是物超所值。每個人都會慢慢老化，拍久了自然容易停滯不前，隨時要反思及充電，除了在自己的經驗中求進步外，平時也要多翻閱不同的資訊，以電視錄影來說，電影及電視就是個很好的學習對象，看別人如何取景，感覺一下自己和其他人不同之處。

如果你是婚紗攝影，在閒暇之餘，以掃街的方式，吸取同行精華，多看別人拍的東西，思考同行為什麼這麼做，找出現在流行的風格。另外一個重點就是要多拍，可能你所執行的是某個主題，但是在工作現場看到其他的東西也可以試著拍下來。

多看書並和同行多多切磋也可以增長見聞，如果你可以撥出時間回學校短暫充電，以實務觀點，融合最新觀念，必定能提升攝影專業度。

進入攝影SOHO之門 備忘錄

第三節　渡假去吧！

善加利用小孩的寒暑假，或利用淡季，以結婚攝影來說，過年後及農曆七月，算是客源最少的時候，出國或到別的地方渡個假，充電一下，釋放平日焦躁緊張的工作壓力。

以專攻服裝的攝影師而言，也有淡旺季之分，服裝公司每半年的型錄會集中在五個月之內拍照，一年之中便會有兩個一個月的時間可以玩，而且大部分的攝影師都會選擇出國釋放緊繃的情緒。

你選擇的是夏威夷嗎？想像你在沙灘上懶洋洋地曬著太陽，碧波萬頃的海洋就在你跟前，你悠閒的坐在躺椅上，嗅著海洋的氣息，聆聽大海的呼喚，浪花來了又散，煩惱全在九霄雲外，你隨時可以小憩片刻，沒有任何電話的干擾。

把自己當成海綿一般，吸收自由的空氣，旅行正好給你一個重新調整自己的機會，盡情享受不同國度裡接觸到的人、事、物，用嶄新的視野，面對每個旅途中的際遇，在每一項新的嘗試與體驗中，感受世界的多面，很有可能激發出新的創意。

偶爾出走一下

偶爾的情緒低潮是每個人都會發生的狀況，每個人自我調適的方法也不盡相同，但是短暫地離開工作場合，讓自己空白一下，絕對可以為再次出發儲備更多的能量。當工作士氣低落時，雜誌攝影賴光煜喜歡用逛街看新奇的東西來紓解情緒，這樣可以刺激思考，商品、佈置、櫥窗的東西，或找一家常去的咖啡店，靜靜地過一個下午。

上山走走，或到郊外看看大自然的美景，也能讓自己的神經安定下來，當然你也可以找三、五好友哈拉一下，吐吐苦水，放縱一下。

強健的體魄

為了達成客户要求，日夜顛倒或夜以繼日的工作情形是常有之事，因此「做這一行，體能滿重要的」，婚紗攝影林瑞合固定每天早上會去游泳，睡覺前則練氣功，反省一天的所作所為，調整一天的情緒起伏。

商品攝影張修正以前曾做過專業登山領隊，非常喜歡户外休閒活動的他表示，多利用機會接觸大自然除了能怡情養性，還能順便鍛鍊體魄。

運動的好處很多，不僅可以消除

緊張壓力，還能提供你思考空間，比方說慢跑、游泳、騎自行車，你一方面可以想想你工作室所發生的事情，同時可以展望未來，許多熱愛運動的人表示，對於想暫時拋開工作的人而言，運動的確可以提供一個新主題，轉換思考與情緒。

進入攝影SOHO之門 備忘錄

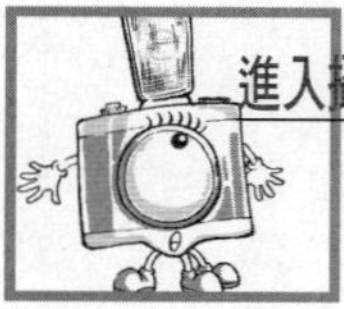

進入攝影SOHO之門

備忘錄

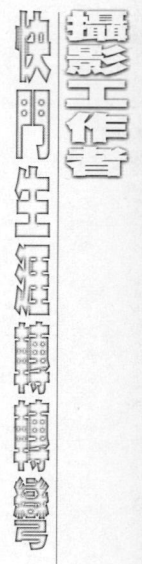

第十章

理財投資有保障

賺到了錢，接下來便得想辦法留下更多的錢，別忙於事業領域而疏忽了支援的後盾，保險、存款、基金，想想還有什麼方法可以「錢滾錢」

終日悠遊於攝影的領域中，圓了一個攝影SOHO的夢，日子過得新鮮味十足，正當欣喜於自己的創作功力日益精進時，卻發現會錢忘了繳，房貸也籌不出來，此時才急急忙忙趕著彌補過失，卻才又發現客户給你的支票好像可以去請款了，沒錯，攝影工作是個創意十足的行業，可能是藝術家的天性使然，從事其業的人幾乎對理財都沒有什麼概念，這個章節的重點就是希望迅速增進你的理財概念，讓你做個有錢又有閒的攝影SOHO。

第一節　事前功夫不可少

由於在家工作者初期可能都會面臨客源不穩、收入不固定的情形，而導致生活陷入窘境，因此在準備脫離收入穩定的上班族行列之前，最好預先備妥半年左右的生活費及急用預備金，切不可與之所致一頭就栽進去，記得要事先擬妥「財務規劃表」，按部就班去實施。

不懂得衡量個人財務支出狀況，是在家工作者最容易犯的毛病，他們三餐不濟的原因，並不是所從事的工作不能賺錢，而是不懂得財務規劃，因此要確保生活無虞，必須花些功夫學習理財，「不要跟錢過不去」。

備妥初期生活費

對一個攝影SOHO來說，由於人脈還不穩定，要熬過初期之困窘期，得準備六個月左右的生活費，若需要租攝影棚，還要備妥前六個月的租金。

俗語說：「一文錢逼死英雄好漢。」許多有抱負有才氣的人，可能因為初期的不順利，為了區區數萬元的生活費或貸款而萌生去意，令人覺得相當惋惜。

妥善規劃工作的進度與內容，也可以使你收入較固定。比方說，婚紗攝影工作者，不單單只接準新人的case，寫真集的拍攝也可以齊頭並進，因為完整的case雖然可以賺取較高的利潤，相對地也會比較慢才領得到，而小case的報酬雖然少，卻是一場及時雨，能夠幫你度過難關。

計算生活費底線

把每個月在家生活最底線計算出來，如果是單身，只要考慮到自己需求就好，但是如果已經成家，就必須做個全面性的考量，首先，要和配偶共同列出家庭收支帳目表，其中包括三個基本項目：

◎固定收入：

配偶的薪資、跟會利息、定存利息等。

◎固定支出：

房屋貸款、汽車貸款、水電、電話費等相關費用、一般生活花費、休閒消費、旅遊消費等。

◎緊急救助金：

俗話說：「天有不測風雲，人有旦夕禍福。」不論目前生活狀況如何，都要準備緊急救助金，平日有準備，遇事時才不容易慌亂。

同時，逐步計算每項總額，看看有那些項目可以再做調整，例如，原本全家每年一次的海外旅行，不妨改成國內定點旅遊；不要老是想要更換攝影器材；少上幾次健身房改用免費的運動場。

節流

將生活費底線列出後，便可以計算出所有的消費金額，並製表完成，放在帳冊最前端，隨時不忘翻閱，做為節流的最高指導準則。

不論你是單身貴族或多口之家，都要提醒自己杜絕外在花花世界的誘惑，減少不必要的應酬和開銷，千萬不要小看了這些節省下來的花費，如果執行夠徹底，真可以替你省下不少花費呢！

也許你認為如此極端地勒緊腰帶過日子，生活還有什麼意義呢？但是忍一時花費之不便，而能創造日後生活契機，何樂而不為呢！事實上，居家工作所節省下來的交通費、應酬費等開銷，也是一筆不小費用，所以維持基本生活應當不成問題。

進入攝影SOHO之門
備忘錄

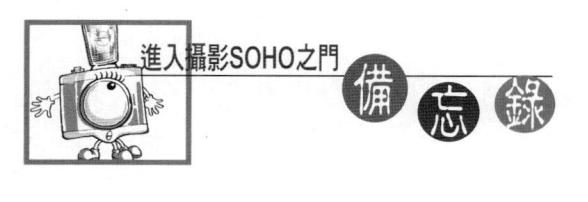

第二節　多元化經營

機會掌握在自己手中，攝影工作者範圍相當廣泛，如果你主要從事是雜誌攝影的工作，不僅要接觸數家雜誌社，還可以試著跟出版社做連結，三不五時的做個自我推銷，用專業能力來說服他人。

對事業剛起步的人而言，應該要極力爭取任何賺錢機會，不要介意CASE的大小及進帳的多寡。也就是說，試著多元化經營你的工作，不僅對收入有所助益，更可以多方面發揮你的潛力。

別替自己設限，認為自己只能拍某種類型的東西，如果客户要求外拍，千萬別嫌辛苦而拒絕，試著給自己多點的機會嘗試，你將會發現居家工作不僅讓你換一種生活方式，更能帶來無限寬廣的未來。

勤於記帳　時時提醒

你一定要養成每日記帳的習慣，將收入與支出做個詳細的紀錄，時時提醒自己控制支出，儘量提高收入。利用工作進度來衡量每月的進帳，如果不能達到一定標準，就該考慮增加

工時和份量，預設一個理想所得，並認真執行，要求自己非達到這個目標不可。

此外，個人與公司的財務要分開處理，由於居家工作者很容易公私不分，因此最好能夠使用不同的銀行帳戶，並將收據及帳簿分開存放。如果你不夠信任自己，不妨花點小錢，請一位專屬會計師，將你的收支交給專人代管，以彌補你不善理財的困擾。

先保障生活　再考慮投資

先保障生活，再考慮投資，是最妥當的理財之道。自由工作者的理財態度以穩定為主，風險較大的不合適。當生活步上軌道，收入穩定後，便可善用銀行綜合存款，在活期存款與定期存款之間靈活轉換，以享有較高的利息。此外，綜合存款還具有定存單短期質借的功能，一旦急需用錢，可向銀行短期融資。

選擇定時定額共同基金來投資，也是可以強迫自己存下一筆錢，達成理財目標的一種方式。這種兼具儲蓄與投資功能的理財工具，在近年來頗受矚目，由於定期定額投資報酬率長期相對定存優異，而其風險在經過時間和金額的平均成本之後，相對也較自行投資股市要來的低，是一項很適當的理財工具。

當然，標會也是一般常用的強迫儲蓄方式，只是基於安全性考量，倒會的風險必須事先仔細評估。

保險規劃很重要

大部份的SOHO族都只想到要多賺點錢，卻忽略了利用年輕的本錢為自己做好保險規劃，專家建議，不管是任何一項理財投資最好有保險做基礎，才能達成分散風險的目的。因為投資與理財不是只往近處看，而必須著眼於未來，在目前財力有限的狀態下，更必須藉著保險保障自己與家人，因此你應該花點時間和你的壽險顧問擬一份適合自己及家人的個人壽險保單，基本項目包含壽險、住院醫療險、意外失能險及癌症險等等。

尋找外援管道

如果，你是在迫不得已或毫無預警的情形下成為自由工作者，由於事前準備做得不充份，家中成員也沒有辦法維持生活的基本開銷，不妨試試下面幾項辦法，可以幫助你度過初期困窘尷尬時期。

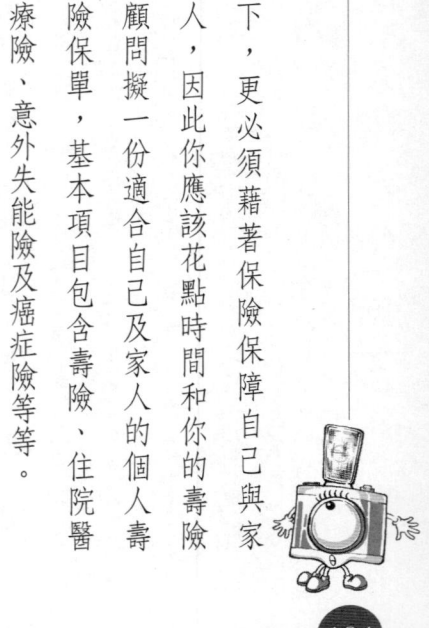

1.與銀行做朋友

最簡單的辦法就是利用理財型房貸或小額信用貸款取得資金。你也可以利用家中的動產或不動產向銀行擔保借錢，但是要記住金額不要太大，且以能早日償還為準則。當然，如果你原先就持有股票、價券或基金憑證，也可以利用其價值辦理借貸，以救燃眉之急。

2.跟會籌資金

互助會是民間最普遍籌措資金的管道，由於取款方便且利息又優於銀行存款，跟會常是許多人累積資金的第一步，如果能審慎評估風險，倒不失為一個理財的好方式。不過要記住慎選會頭與會員，因為跟會利息雖高，由於它毫無法令保障，倒會風險也大，最好能加入原先就已經熟悉的團體，或請家人好友代為尋覓會員，以使風險降至最低。

3.向親友求助

由於中國人愛面子的毛病，這個方式也許令人難以接受，不過如果迫不得已，不妨暫且放下身段，以度過難關為考量，而且只要詳加說明原由，並表明歸還期限，只要平日的信用不錯，相信至親好友一定樂於當個活菩薩，何況向親朋好友借錢還有個好處，多半採取無息或低利償還，將來還錢時負擔不會太過沉重。

「生活」其實是可以選擇的！SOHO是一種嶄新的工作觀，拒絕了辦公室中原有的僵化制度，讓你勇於擺脫傳統的桎梏，更能發揮自己的專長潛能，選擇做自己的主人，讓生活的自主權無限延伸！

進入攝影SOHO之門

備忘錄

第十一章

快樂希望SOHO族

傾聽內在的聲音，家庭、自我紛紛向你招手，用彈性的時間學習、分享、相信自己、你將成為最快樂的一族……

SOHO不是逃避現實，而是在工作與生活之間求得雙贏，它絕非漫無目標的只求隨性，而是勇於自我實踐。少了辦公室的刻板規範後，個人的管理能力要隨之加強，負責任、有信心的迎接生活各種磨練與挑戰。

第一節　享受雙贏的局面

時間彈性

你不用像金城武一樣聲嘶力竭的喊著「神啊！請你多給我一點時間。」

身為SOHO族的你，只要時間運用得當，絕對能享受比上班族更高品質的出國進修或旅行渡假，你可以輕而易舉的避開旅遊旺季，以便能享受較便宜的機票、住宿，以及較高的旅遊品質。你也不用在連續假日中與人在高速公路上大塞車，還可以在交通阻塞的都會區內，利用交通離峰時間享受通行無阻的快感。

「工作時間少一點，休閒時間多一點。」是人們心目中所嚮往的生活。由於在家工作時間十分有彈性，你無需在書報攤囫圇吞棗地吸取新知，只要悠閒的前往圖書館或大型書店，各式各樣的書籍雜誌都可以讓你慢慢閱讀，而且永遠不用擔心時間不夠用。

回歸生活與家庭

尋求單純、快樂而且愜意的生活成為世紀末的生活主流。「I wanna go home」不僅是一句廣告詞，而且是工商社會大家共同的心聲。已婚者不甘心把時間全數奉獻給工作，而是渴望與伴侶多加相處，並且參與小孩的成長過程；單身者厭煩了複雜的人情世故，期盼有個完全屬於自己的溫暖小窩，用來遮風避雨，事實證明許多選擇SOHO的工作者紛紛在家庭中找到了自己的天堂。

由於合格的保母不易尋覓，社會環境無法提供高品質的幼兒托育服務，一般而言，一個職業婦女約有七成的薪水都花在托育和撫養子女身上，年輕一代的父母對學校的教育品質愈來愈沒有信心，也不願意將小孩丟在空間狹窄的安親班，因此有愈來愈多的上班族選擇脫離企業，以居家工作方式，陪伴子女學習成長。

保持學習的狀態

資訊爆炸的時代來臨！對現代人來說「活到老，學到老」已經不只是一句口號了。沒有上司嚴格督促的SOHO族，自己就是把關者，在專業領域部分，當然要時時進修充電，以免遭到無情的淘汰，報章雜誌是最基本的資訊來源，除此之外，你可以主動參加相關學會舉辦的研討課程，儲備能量，並在工作實務訓練中累積本錢。

學習可以是多面向的，舉凡電腦、公關、爬山、打球、旅行都能讓你的生活更加豐富，身為SOHO的你，可別成了不修邊幅的工作狂，除了工作外，將生活重心稍稍轉移到別的地方，你會發現世界變大了，不但可以擴展視野，還能順便培養人際關係，提高生活品質。學習一項新事物，不但獲得知識，也等於為自己的人生多開一扇窗，學習可以是一種過程，也可以是一種生活的態度。

第二節　用拍照豐富你的人生

財務更豐盈

SOHO族的收入只要是很穩定的維持工作績效及成果，起碼可以維持和上班族差不多的薪水，而且常常可以超越，工作的心情也會更愉快，因為你擺脫了職場的惡質競爭文化，賺到了尊嚴，不用老是被別人盯著，也不用再承受上司的猜忌打壓，更無須擔心同事的排擠，效力於不同的客户，可以讓你的視野更為遼闊。

如果你還在幫老闆做事，一定時有抱怨，偶爾不免有打混摸魚的心態，因為多做多錯又容易遭忌，而且薪水是固定的。但是如果是自己親手所接的案子，由於攸關日後的生計，必定竭盡所能的做到最好。

此外，當一個SOHO族還可以節省一些額外開銷，如交通費、交際費等等，既有面子又省了裡子，選擇居家工作所換來的是更精簡地工作，更划算的收入所得。

樂在工作

企業裡的人事鬥爭很容易讓只想做事的人感到力不從心，做SOHO族則完全沒有這樣的憂慮，你可以自在地工作，盡其在我的完成自我實現。

有別於朝九晚五的規律與死板，靈活且具有挑戰性的攝影SOHO，更是吸引許多人爭相投入的動力來源。另外，攝影SOHO隨著工作性質的不同，也會有不同的景觀視野，這也可以說是這份工作最迷人之處。例如有時出個外景，便置身於高爾夫球場，或依據客户的需求到其他的風景名勝；過幾天，你可能在某片屋頂上等著拍都市黃昏，四處拍照，順便欣賞沿路風景等。你可以藉由拍照工作盡情豐富你的人生。

「有夢最美，希望相隨。」人生的選擇其實可以很豐富，當然也很值得冒險一試，當你傾聽自己內在的聲音，它告訴你如果現在不做SOHO族，日後就會後悔，經過仔細的評估，在清楚考慮過後，就勇敢的實踐吧！

《附錄一》

【著作權法】第一章　總則

第1條

為保障著作人著作權益，調和社會公共利益，促進國家文化發展，特制定本法。本法未規定者，適用其他法律之規定。

第2條

本法所稱主管機關為內政部。內政部得設著作權局，執行著作權行政事務；其組織，另以法律定之。

第3條

本法用詞定義如左：

一、著作：指屬於文學、科學、藝術或其他學術範圍之創作。

二、著作人：指創作著作之人。

三、著作權：指因著作完成所生之著作人格權及著作財產權。

四、公眾：指不特定或特定之多數人。在家庭及其家居生活以外聚集多數人之場所之人，亦屬之。

五、重製：指以印刷、複印、錄音、錄影、攝影、筆錄或其他方法有形之重複製作。於劇本、音樂著作或其他類似著作演出或播送時予以錄音或錄影；或依建築設計圖或建築模型建造建築物者，亦屬之。

六、公開口述：指以言詞或其他方法向公眾傳達著作內容。

七、公開播送：指基於公眾接收訊息為目的，以有線電、無線電或其他器材，藉聲音或影像向公眾傳達著作內容。

八、公開上映：指以單一或多數視聽機或其他傳送影像之方法向現場或現場以外一定場所之公眾傳達著作內容。

九、公開演出：指以演技、舞蹈、歌唱、彈奏樂器或其他方法向現場之公眾傳達著作內容。

十、公開展示：指向公眾展示著作原件。

十一、改作：指以翻譯、編曲、改寫、拍攝影片或其他方法就原著作另為創作。

十二、散布：指不問有償或無償，將著作之原件或重製物提供公眾交易或流通。

十三、發行：指權利人重製並散布能滿足公眾合理需要之重製物。

十四、公開發表：指權利人以發行、播送、上映、口述、演出、展示或其他方法向公眾公開提示著作內容。前項第八款所稱之現場或現場以外一定場所，包含電影院、俱樂部、錄影帶或碟影片播映場所、旅館房間、供公眾使用之交通工具或其他供不特定人進出之場所。

第4條

外國人之著作合於左列情形之一者，得依本法享有著作權。但條約或協定另有約定，經立法院議決通過者，從其約定。

一、於中華民國管轄區域內首次發行，或於中華民國管轄區域外首次發行後三十日內在中華民國管轄區域內發行者。但以該外國人之本國，對中華民國人之著作，在相同之情形下，亦予保護且經查證屬實者為限。

二、依條約、協定或其本國法令、慣例，中華民國人之著作得在該國享有著作權者。

第二章　著作及著作人

第一節　著作

第5條

本法所稱著作，例示如左：

一、語文著作。
二、音樂著作。
三、戲劇、舞蹈著作。
四、美術著作。
五、攝影著作。
六、圖形著作。
七、視聽著作。
八、錄音著作。
九、建築著作。
十、電腦程式著作。

前項各款著作例示內容，由主管機關定之。

第6條

就原著作改作之創作為衍生著作，以獨立之著作保護之。衍生著作之保護，對原著作之著作權不生影響。

第7條

就資料之選擇及編排具有創作性者為編輯著作，以獨立之著作保護之。編輯著作之保護，對其所收編著作之著作權不生影響。

第8條

二人以上共同完成之著作，其各人之創作，

不能分離利用者，為共同著作。

第9條

左列各款不得為著作權之標的：

一、憲法、法律、命令或公文。

二、中央或地方機關就前款著作作成之翻譯物或編輯物。

三、標語及通用之符號、名詞、公式、數表、表格、簿冊或時曆。

四、單純為傳達事實之新聞報導所作成之語文著作。

五、依法令舉行之各類考試試題。

第二節　著作人

第10條

在著作之原件或其已發行之重製物上，或將著作公開發表時，以通常之方法表示著作人之本名或眾所周知之別名者，推定為該著作之著作人。前項規定，於著作發行日期、地點之推定，準用之。

第11條

法人之受雇人，在法人之企劃下，完成其職務上之著作，以該受雇人為著作人。但契約約定以法人或其代表人為著作人者，從其約定。

第12條

受聘人在出資人之企劃下完成之著作，除前條情形外，以該受聘人為著作人。但契約約定以出資人或其代表人為著作人者，從其約定。

第三章　著作權

第一節　通則

第13條　著作人於著作完成時享有著作權。

第14條　第十條第一項規定，於著作財產權人之推定，準用之。

第二節　著作人格權

第15條　著作人就其著作享有公開發表之權利。有左列情形之一者，推定著作人同意公開發表其著作：

一、著作人將其尚未公開發表著作之著作財產權讓與他人或授權他人利用時，因著作財產權之行使或利用而公開發表者。

二、著作人將其尚未公開發表之美術著作或攝影著作之著作原件讓與他人，受讓人以其著作原件公開展示者。

三、依學位授予法撰寫之碩士、博士論文，著作人已取得學位者。

四、視聽著作之製作人依第三十八條規定利用該視聽著作而公開發表者。

第16條

著作人於著作之原件或其重製物上或於著作公開發表時，有表示其本名、別名或不具名之權利。著作人就其著作所生之衍生著作，亦有相同之權利。利用著作之人，得使用自己之封面設計，並加冠設計人或主編之姓名或名稱。但著作人有特別表示或違反社會使用慣例者，不在此限。依著作利用之目的及方法，於著作人之利益無損害之虞，且不違反社會使用慣例者，得省略著作人之姓名或名稱。

第17條

著作人有保持其著作之內容、形式及名目同一性之權利。但有左列情形之一者，不適用之：

一、依第四十七條規定為教育目的之利用，在必要範圍內所為之節錄、用字、用語之變更或其他非實質內容之改變。

二、為使電腦程式著作，適用特定之電腦，或改正電腦程式設計明顯而無法達成原來著作目的之錯誤，所為必要之改變。

三、建築物著作之增建、改建、修繕或改塑。

四、其他依著作之性質、利用目的及方法所為必要而非實質內容之改變。

第18條

著作人死亡或消滅者，關於其著作人格權之保護，視同生存或存續，任何人不得侵害。但依利用行為之性質及程度、社會之變動或其他情事可認為不違反該著作人之意思者，不構成侵害。

第19條

共同著作之著作人格權，非經著作人全體同意，不得行使之。各著作人，無正當理由者，不得拒絕同意。共同著作之著作人，得於著作人中選定代表人行使著作人格權。對於前項代表人之代表權所加限制，不得對抗善意第三人。

第20條 未公開發表之著作原件及其著作財產權，除作為買賣之標的或經本人允諾者外，不得作為強制執行之標的。

第21條 著作人格權專屬於著作人本身，不得讓與或繼承。

第三節　著作財產權

第一款　著作財產權之種類

第22條 著作人專有重製其著作之權利。

第23條 著作人專有公開口述其語文著作之權利。

第24條 著作人專有公開播送其著作之權利。

第25條 著作人專有公開上映其視聽著作之權利。

第26條 著作人專有公開演出其語文、音樂或戲劇、舞蹈著作之權利。

第27條 著作人專有對其未發行之美術著作或攝影著作公開展示其著作原件之權利。

第28條 著作人專有將其著作改作成衍生著作或編輯成編輯著作之權利。

第29條 著作人專有出租其著作之權利。

第二款 著作財產權之存續期間

第30條 著作財產權，除本法另有規定外，存續於著作人之生存期間及其死亡後五十年。著作於著作人死亡後四十年至五十年間首次公開發表者，著作財產權之期間，自公開發表時起存續十年。

第31條 共同著作之著作財產權，存續至最後死亡之著作人死亡後五十年。

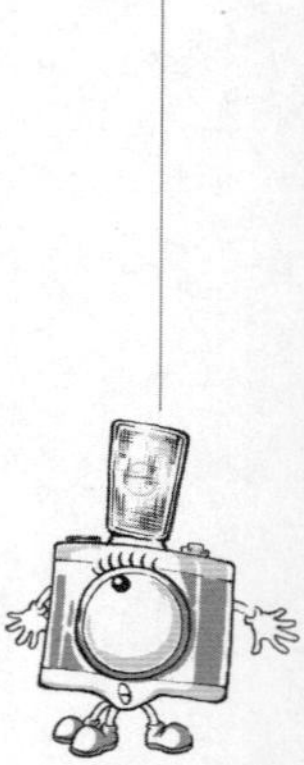

第32條

別名著作或不具名著作之著作財產權，存續至著作公開發表後五十年。但可證明其著作人死亡已逾五十年者，其著作財產權消滅。有左列情形之一者，不適用前項規定：

一、著作人之別名為眾所周知者。

二、於前項期間內，依第七十四條規定為著作人本名之登記者。

第33條

法人為著作人之著作，其著作財產權存續至其著作公開發表後五十年。但著作在創作完成時起算十年內未公開發表者，其著作財產權存續至創作完成時起五十年。

第34條

攝影、視聽、錄音及電腦程式著作之著作財產權存續至著作公開發表後五十年。前條但書規定，於前項準用之。

第35條

第三十條至第三十四條所定存續期間，以該期間屆滿當年之末日為期間之終止。繼續或逐次公開發表之著作，依公開發表日計算著作財產權存續期間時，如各次公開發表能獨立成一著作者，著作財產權存續期間自各別公開發表日起算。如各次公開發表不能獨立成一著作者，以能獨立成一著作時之公開發表日起算。

前項情形，如繼續部分未於前次公開發表日後三年內公開發表者，其著作財產權存續期間自前次公開發表日起算。

第三款 著作財產權之讓與，行使及消滅

第36條 著作財產權得全部或部分讓與他人或與他人共有。著作財產權讓與之範圍依當事人之約定；其約定不明之部分，推定為未讓與。各類著作財產權之讓與價格及使用報酬，不得低於主管機關公告之標準。主管機關每年應依國民所得額之成長幅度適時調整。

第37條 著作財產權人得授權他人利用其著作，其授權利用之地域、時間、內容、利用方法或其他事項，依當事人之約定；其約定不明之部分，推定為未授權。前項被授權人非經著作財產權人同意，不得將其被授與之權利再授權第三人利用。

第38條 視聽著作之製作人所為之重製、公開播送、公開上映、附加字幕或變換配音，得不經著作人之同意。但契約另有約定者，從其約定。

第39條 以著作財產權為質權之標的物者，除設定時另有約定外，著作財產權人得行使其著作財產權。

第40條 共同著作之著作財產權，非經著作人全體同意，不得行使之；各著作人非經其他共同著作人之同意，不得以其應有部分讓與他人或為他人設

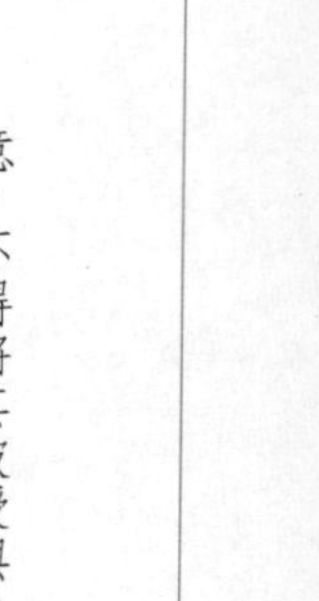

定質權。各著作人，無正當理由者，不得拒絕同意。共同著作各著作人之應有部分，依共同著作人間之約定定之；無約定者，依各著作人參與創作之程度定之。各著作人參與創作之程度不明時，推定為均等。

共同著作之著作人拋棄其應有部分者，其應有部分由其他共同著作人依其應有部分之比例分享之。前項規定，於共同著作之著作人死亡無繼承人或消滅後無承受人者，準用之。

共同著作之著作人，得於著作人中選定代表人行使著作財產權。對於代表人之代表權所加限制，不得對抗善意第三人。前五項之規定，於因其他關係成立之共有著作財產權，準用之。

第41條

著作人投稿於新聞紙、雜誌或授權公開播送著作者，除另有約定外，推定著作人僅授與刊載或公開播送一次之權利，對著作人之其他權利不生影響。

第42條

著作財產權因存續期間屆滿而消滅。於存續期間內，有左列情形之一者，亦同：

一、著作財產權人死亡，其著作財產權依法應歸屬國庫者。

二、著作財產權人為法人，於其消滅後，其著作財產權依法應歸屬於地方自治團體者。

第43條

著作財產權消滅之著作，除本法另有規定外，任何人均得自由利用。

本法修正施行前，翻譯受修正施行前本法保護之外國人著作，如未經其著作權人同意者，於本法修正施行後，除合於第四十四條至第六十五條規定者外，不得再重製。

前項翻譯之重製物，本法修正施行滿二年後，不得再行銷售。

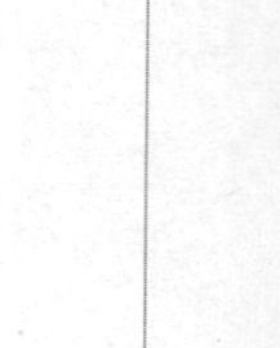

《附錄二》

1. 弓長爾東工商攝影公司（張修政）
台北市八德路二段410巷100號
TEL：2741-7510．2773-9578

2. 林瑞合婚紗攝影
台北市中山北路三段51-5號
TEL：2593-6752．2591-0190

3. 典藏錄影製作公司（周明恩）
台北市復興北路192號4樓之2
TEL：2501-3052．2501-4302

4. 李達廣告事業有限公司（李達民）
台北市同德路25號2樓
TEL：2653-0458

5. 許熙正
台北市八德路四段193號2樓
TEL：2766-8673

6. 賴光煜造像個體户
台北市八德路四段42號3樓
TEL：2761-4706

進入攝影SOHO之門

備忘錄

攝影工作者　快門生涯轉轉彎

作　　者：林碧雲
發 行 人：林敬彬
企劃主編：丁　奕
執行編輯：簡玉書
美術編輯：張美清
封面設計：張美清

出　　版：大旗出版社　　局版北市業字第1688號
發　　行：大都會文化事業有限公司
台北市基隆路一段432號4樓之9
電話：02-27235216　傳真：02-27235220
e-mail ：metro@ms21.hinet.net
郵政劃撥：14050529　大都會文化事業有限公司
出版日期：1999年7月初版第1刷
定　　價：200元

ISBN：957-8219-07-5
書號：CM004

國家圖書館出版品預行編目資料

攝影工作者快門生涯轉轉彎／林碧雲作.
初版 -- 臺北市；大旗出版；大都會文化發行,
1999〔民88〕
面；公分——（工商企管系列；4）

ISBN　957-8219-07-5（平裝）

1. 職業　2.創業

542. 7　　88005425